SCIENCE

走进科普大课堂
QINGSHAONIAN AI KEXUE

李慕南 姜忠喆◎主编〉〉〉〉

OUJIN KEPU DA KETANG

及科学知识，拓宽阅读视野，激发探索精神，培养科学热情。

千万别误解了 科学

★ 包罗各种科普知识，汇集大量精美插图，为你展现一个生动有趣的科普世界，让你体会发现之旅是多么有趣、探索之旅是多么神奇！

U0742213

吉林出版集团
北方妇女儿童出版社

图书在版编目(CIP)数据

千万别误解了科学 / 李慕南,姜忠喆主编. —长春
: 北方妇女儿童出版社,2012.5(2021.4重印)
(青少年爱科学. 走进科普大课堂)
ISBN 978 - 7 - 5385 - 6321 - 4

Ⅰ.①千… Ⅱ.①李… ②姜… Ⅲ.①科学知识 – 青
年读物②科学知识 – 少年读物 Ⅳ.①Z228.2

中国版本图书馆 CIP 数据核字(2012)第 061965 号

千万别误解了科学

出 版 人	李文学
主　　编	李慕南　姜忠喆
责任编辑	赵　凯
装帧设计	王　萍
出版发行	北方妇女儿童出版社
地　　址	长春市人民大街 4646 号 邮编 130021
	电话 0431 – 85662027
印　　刷	北京海德伟业印务有限公司
开　　本	690mm × 960mm　1/16
印　　张	12
字　　数	198 千字
版　　次	2012 年 5 月第 1 版
印　　次	2021 年 4 月第 2 次印刷
书　　号	ISBN 978 – 7 – 5385 – 6321 – 4
定　　价	27.80 元

前　　言

　　科学是人类进步的第一推动力,而科学知识的普及则是实现这一推动力的必由之路。在新的时代,社会的进步、科技的发展、人们生活水平的不断提高,为我们青少年的科普教育提供了新的契机。抓住这个契机,大力普及科学知识,传播科学精神,提高青少年的科学素质,是我们全社会的重要课题。

　　一、丛书宗旨

　　普及科学知识,拓宽阅读视野,激发探索精神,培养科学热情。

　　科学教育,是提高青少年素质的重要因素,是现代教育的核心,这不仅能使青少年获得生活和未来所需的知识与技能,更重要的是能使青少年获得科学思想、科学精神、科学态度及科学方法的熏陶和培养。

　　科学教育,让广大青少年树立这样一个牢固的信念:科学总是在寻求、发现和了解世界的新现象,研究和掌握新规律,它是创造性的,它又是在不懈地追求真理,需要我们不断地努力奋斗。

　　在新的世纪,随着高科技领域新技术的不断发展,为我们的科普教育提供了一个广阔的天地。纵观人类文明史的发展,科学技术的每一次重大突破,都会引起生产力的深刻变革和人类社会的巨大进步。随着科学技术日益渗透于经济发展和社会生活的各个领域,成为推动现代社会发展的最活跃因素,并且成为现代社会进步的决定性力量。发达国家经济的增长点、现代化的战争、通讯传媒事业的日益发达,处处都体现出高科技的威力,同时也迅速地改变着人们的传统观念,使得人们对于科学知识充满了强烈渴求。

　　基于以上原因,我们组织编写了这套《青少年爱科学》。

　　《青少年爱科学》从不同视角,多侧面、多层次、全方位地介绍了科普各领域的基础知识,具有很强的系统性、知识性,能够启迪思考,增加知识和开阔视野,激发青少年读者关心世界和热爱科学,培养青少年的探索和创新精神,让青少年读者不仅能够看到科学研究的轨迹与前沿,更能激发青少年读者的科学热情。

　　二、本辑综述

　　《青少年爱科学》拟定分为多辑陆续分批推出,此为第三辑《走进科普大课

堂》，以"普及科学,领略科学"为立足点,共分为 10 册,分别为:

1.《时光奥秘》

2.《科学犯下的那些错》

3.《打出来的科学》

4.《不生病的秘密》

5.《千万别误解了科学》

6.《日常小事皆学问》

7.《神奇的发明》

8.《万物家史》

9.《一定要知道的科学常识》

10.《别小看了这些知识》

三、本书简介

本册《千万别误解了科学》从少年儿童身边的科学领域出发,从"天文地理"、"数理化"、"健康卫生"、"动物植物"和"生活常识"等五个方面,筛选出青少年读者最关心的问题,找出最容易弄错的科学知识。在人们的生活、学习、生产中,一旦不注重知识的更新,新科技的学习,便极容易步入一个个误区,走到科学的对立面去,轻则造成一个又一个的常识错误,重则闹出种种伪科学来,扰人视听,祸害科学,更害自己! 本书通过讲述这一个个发生在生活中的科学错误小故事,从而激发少年儿童学科学、用科学的学习热情。每一个问题,都有一个正确的答案,可以帮助小读者纠正错误的认识,给读者正确的科学知识。

本套丛书将科学与知识结合起来,大到天文地理,小到生活琐事,都能告诉我们一个科学的道理,具有很强的可读性、启发性和知识性,是我们广大读者了解科技、增长知识、开阔视野、提高素质、激发探索和启迪智慧的良好科普读物,也是各级图书馆珍藏的最佳版本。

本丛书编纂出版,得到许多领导同志和前辈的关怀支持。同时,我们在编写过程中还程度不同地参阅吸收了有关方面提供的资料。在此,谨向所有关心和支持本书出版的领导、同志一并表示谢意。

由于时间短、经验少,本书在编写等方面可能有不足和错误,衷心希望各界读者批评指正。

本书编委会

2012 年 4 月

目　　录

一、别误解了天文地理

每朵雪花形状并不相同 ……………………………… 3

一天并不总是 24 小时 ……………………………… 3

天热洒水并不能降温 ………………………………… 4

飓风的中心很平静 …………………………………… 4

雪不是冰冻的雨 ……………………………………… 5

北京时间并不从北京发出 …………………………… 5

地球上最大的山脉不在陆地上 ……………………… 5

2 月 30 日并不是没有出现过 ……………………… 6

海市蜃楼不只是发生在海面或沙漠上 ……………… 6

蔚蓝的天空没有蓝色气体 …………………………… 7

北极星的称号不会永远属于小熊座 α 星 …………… 7

天文台不是气象台 …………………………………… 7

自动气象站并非全自动 ……………………………… 8

指南针并不指向正南方 ……………………………… 8

发洪水并不一定是坏事 ……………………………… 9

石棉不是棉花 ………………………………………… 9

木化石不是木头 ……………………………………… 10

月亮并非不会消失 …………………………………… 10

月海不是海 …………………………………………… 11

台风并非有百害而无一利 …………………………… 11

天上静止卫星并非静止不动 ………………………… 12

天上掉馅饼并不是不可能 …………………………………… 12

诸葛亮不是神算子 ………………………………………… 13

寒潮不是寒流 ……………………………………………… 13

航空航天飞机不是航天飞机 ……………………………… 14

"救星"出现已不再是幻想 ………………………………… 14

海与洋不一样 ……………………………………………… 15

海面跟陆地一样有起伏 …………………………………… 15

水星无水 …………………………………………………… 16

恒星不恒 …………………………………………………… 16

不可能有"金星人" ………………………………………… 17

新星不是新的恒星 ………………………………………… 17

空气中的氧气不会用完 …………………………………… 18

月非中秋明 ………………………………………………… 18

太阳并非不会熄灭 ………………………………………… 19

人造卫星不会掉下来 ……………………………………… 19

行星不会"眨眼睛" ………………………………………… 20

地球不像地球仪那样圆 …………………………………… 20

雨水不能喝 ………………………………………………… 21

月亮不会跟人走 …………………………………………… 21

台风眼里没有大风 ………………………………………… 22

冰雹并非出现在冬天 ……………………………………… 22

空气热并不是太阳晒成的 ………………………………… 23

雷公墨不是雷公制造的 …………………………………… 23

牛郎织女不可能相会 ……………………………………… 24

南北极并非是不毛之地 …………………………………… 24

海水不只是呈现蓝色 ……………………………………… 25

泾渭并不分明 ……………………………………………… 25

不能用污水直接浇田地 …………………………………… 26

黑海不是海 ………………………………………………… 26

火并非只是森林的敌人 …………………………………… 27

世界各地的石油不一样 …………………………………… 27

我国国土面积不止 960 万平方千米 ……………………… 28

地震并非一无是处 …………………………………… 28

海岸线不是一成不变的 ……………………………… 29

土壤不是"死"的 …………………………………… 29

海洋下面并非一片寂静 ……………………………… 30

最大的沙漠过去并非是不毛之地 …………………… 30

长江曾经向西流 ……………………………………… 31

北回归线并非静止不动 ……………………………… 31

地球最热的地方不在赤道 …………………………… 32

山崩与滑坡不是一回事 ……………………………… 32

梁山泊已不复存在 …………………………………… 33

狮子座流星雨并非来自狮子座 ……………………… 33

农历不是阴历 ………………………………………… 34

弟弟有可能比哥哥年龄大 …………………………… 34

不用轮子行走的火车 ………………………………… 35

飞艇没有过时 ………………………………………… 35

无声手枪并非无声 …………………………………… 36

力气大不一定能当拔河冠军 ………………………… 36

不用纺织机也能织出布 ……………………………… 37

机器人不像人 ………………………………………… 37

飞机拉的尾烟不是烟 ………………………………… 38

稀有金属并不都稀有 ………………………………… 38

机器人不会统治人类 ………………………………… 39

人眼并不能看见视野中所有位置 …………………… 39

石头、玻璃和布有关系 ……………………………… 40

最耐高温的矿物不是钨 ……………………………… 40

铁轨将会无缝化 ……………………………………… 41

不是绝缘材料的塑料 ………………………………… 41

有机玻璃不是玻璃 …………………………………… 42

陶瓷不再是易碎品 …………………………………… 42

子弹不比声音跑得快 ………………………………… 43

声音也会拐弯 ………………………………………… 43

火箭和导弹并非一回事 ……………………………… 44

坛子砸在杂技演员头上不会有事 ·················· 44

同一物体在飞机和在地面上长度不一样 ·················· 45

高空行走并不神秘 ·················· 45

飞机上的黑匣子并不是黑色的 ·················· 46

合金并非无"记性" ·················· 46

二、别误解了生活常识

汽水不是"吸"进嘴里的 ·················· 49

用冷水制冰并非比热水冻结快 ·················· 49

直着腿跳不高 ·················· 50

爆米花不是在铁筒内长大的 ·················· 50

冰不只有一种 ·················· 51

水滴石穿并非全是水的功劳 ·················· 51

海水结冰后又融化的水不是咸的 ·················· 52

玻璃并非不能被水溶解 ·················· 52

润滑剂不仅仅是固体或液体 ·················· 53

除草剂也会危害庄稼 ·················· 53

纯酒精不能杀菌 ·················· 54

烧碱与纯碱不是一回事 ·················· 54

血液不再只是红色的 ·················· 55

干冰不是冰 ·················· 55

水晶并非生在水里 ·················· 56

味精调味不简单 ·················· 56

一支笔不能混用两种墨水 ·················· 57

棉花可以变炸药 ·················· 57

烫金大字并非是用黄金做成的 ·················· 58

金属矿产不全是固态 ·················· 58

尿不是废物 ·················· 59

小心空气也会杀人 ·················· 59

大苏打与小苏打不是一回事 ·················· 60

香水和花露水并非无区别 ·················· 60

玻璃钢不是钢 ·················· 61

0 不仅仅是表示没有 ……………………………………… 61

"＋"不仅仅是加号 ……………………………………… 62

物体有时也会不点自燃 ………………………………… 62

未煮熟的豆浆不能喝 …………………………………… 63

并非所有的孩子都能打预防针 ………………………… 63

乳牙龋坏后并非不需要治疗 …………………………… 64

无脂食品不是肥胖的克星 ……………………………… 64

食物吃得太精没好处 …………………………………… 65

感冒了就别锻炼 ………………………………………… 65

人老不一定会掉牙 ……………………………………… 66

口服液不能喝出"神童"来 …………………………… 66

白蛋白不是营养品 ……………………………………… 67

食物纤维并非可有可无 ………………………………… 67

被毒蛇咬伤后不要奔跑 ………………………………… 68

CT 并非万能 …………………………………………… 68

不要因噎废食 …………………………………………… 69

急症并非到医院才能开始有效急救 …………………… 69

不要用手揉掉进眼里的异物 …………………………… 70

不吃饭减体重不可取 …………………………………… 70

人体不能缺少微量元素 ………………………………… 71

测血压不需要"男左女右" …………………………… 71

牛奶不能当水喝 ………………………………………… 72

不可滥用抗生素 ………………………………………… 72

胡子多不是多毛症 ……………………………………… 73

不要单侧嚼食 …………………………………………… 73

流行性感冒不等于普通感冒 …………………………… 73

水喝多了常上厕所不是病 ……………………………… 74

不可忽视青霉素过敏试验 ……………………………… 74

不可过度抑酸 …………………………………………… 75

健康人并非不该去医院 ………………………………… 75

正确服药并非人人都会 ………………………………… 76

头外伤不等于脑外伤 …………………………………… 76

儿童顽皮不一定是多动症 …………………………………… 77

摘除白内障不必等成熟 …………………………………… 77

久病未必成良医 …………………………………… 78

看牙不当易得传染病 …………………………………… 78

过节不要大吃特吃 …………………………………… 79

吃冷饮不要无节制 …………………………………… 79

不要迷信"特效药" …………………………………… 80

用头顶球不会得脑震荡 …………………………………… 80

得了骨质增生不一定会瘫 …………………………………… 81

创可贴并非万能 …………………………………… 81

莫拔"虎牙" …………………………………… 82

不要小看了苍蝇的病菌污染 …………………………………… 82

不要把樟脑丸放进少儿衣物中 …………………………………… 83

空气湿度过大或过小都不好 …………………………………… 83

炎症并非都是感染引起的 …………………………………… 84

进口药不一定适合中国人 …………………………………… 84

男儿有泪也要流 …………………………………… 85

浮肿并不都是病 …………………………………… 85

豆腐吃得过多一样有害 …………………………………… 86

心电图正常不等于没有心脏病 …………………………………… 86

旅行者腹泻并非只是"水土不服" …………………………………… 87

小腿抽筋不会直接伤害身体 …………………………………… 87

喝尿治病并不科学 …………………………………… 88

不要只吃植物油 …………………………………… 88

三、别误解了生物常识

光合作用不是绿色叶子的专利 …………………………………… 91

独木并非不成林 …………………………………… 91

花不全是香的 …………………………………… 92

无花果并非不开花 …………………………………… 92

棉花不全是白的 …………………………………… 93

烟草不全是害 …………………………………… 93

寿命最长的种子不是古莲子 …………………………… 94

植物不是哑巴 ……………………………………………… 94

夜来香并非只在夜晚开放 ………………………………… 95

圣诞花的"花瓣"不是花 ………………………………… 95

马蹄莲花不是花 …………………………………………… 96

不要把仙人掌的茎当成叶 ………………………………… 96

植物并非不会吃荤 ………………………………………… 97

海羊齿不是植物 …………………………………………… 97

扬子鳄不伤人 ……………………………………………… 98

蚜虫家族不全是害虫 ……………………………………… 98

最大的蛇不是大蟒蛇 ……………………………………… 99

大蚌不一定会长出大珍珠 ………………………………… 99

蝉并非被吓得屁滚尿流 …………………………………… 100

蜉蝣并非朝生暮死 ………………………………………… 100

蜘蛛不是昆虫 ……………………………………………… 101

"美人鱼"不是鱼 ………………………………………… 101

世上最大的动物不是恐龙 ………………………………… 102

鲨鱼并非都吃人 …………………………………………… 102

活蚯蚓不能直接喂家禽 …………………………………… 103

鲨鱼不怕红色 ……………………………………………… 103

蝴蝶的幼虫不是益虫 ……………………………………… 104

狐狸不是一种动物 ………………………………………… 104

寒号鸟不是鸟 ……………………………………………… 105

白蚁不是蚂蚁 ……………………………………………… 105

猴子并非在找虱子吃 ……………………………………… 106

金鱼并非没有牙齿 ………………………………………… 106

不用显微镜就可以看见的细胞 …………………………… 107

马蜂蜇人后不会死 ………………………………………… 107

马蜂不是害虫 ……………………………………………… 108

鸳鸯并非是鸟中忠贞伴侣 ………………………………… 108

病毒不是最小的生物 ……………………………………… 109

毒蛇不缠人 ………………………………………………… 109

孔雀开屏不是在比美 …… 110

"花大姐"不是害虫 …… 110

凤尾鱼并非没有爸爸 …… 111

小鱼并非不能吃大鱼 …… 111

植物并非没有胎生的 …… 112

蜻蜓不会吃尾巴 …… 112

海马与马不是亲戚 …… 113

不在春天产蛋的鸟 …… 113

冬虫夏草不是"双栖明星" …… 114

世上没有山鹰 …… 114

海象和企鹅不为邻 …… 115

并非只吃素的大熊猫 …… 115

黄鳝并非没有鳞 …… 116

河蟹的老家不在河里 …… 116

并不横行的和尚蟹 …… 117

小白兔的眼球不是红色的 …… 117

杂交动物不是新动物 …… 118

鱼龙和翼龙不是恐龙 …… 118

鸡血藤流的不是血 …… 119

黄鼠狼不是有害动物 …… 119

公牛不会分辨颜色 …… 120

海绵不是植物 …… 120

落叶并非是天凉造成的 …… 121

寄居蟹不是蟹 …… 121

不是鱼的文昌鱼 …… 122

四、别误解了健康卫生

冷水浸鸡蛋不卫生 …… 125

青少年不宜常穿旅游鞋 …… 125

近视眼镜不要时戴时不戴 …… 126

咖啡不宜多喝 …… 126

冰淇淋不是"舶来品" …… 127

吃水果不能替代吃蔬菜 ……………………………… 127

绿豆芽太长了不好 …………………………………… 128

酸牛奶不是发酸的牛奶 ……………………………… 128

刷牙并非没有学问 …………………………………… 128

鱼骨鲠喉不能强咽 …………………………………… 129

不要喝泡得过久的茶水 ……………………………… 129

洗澡水不宜太热 ……………………………………… 129

常作深呼吸对健康不利 ……………………………… 130

日光灯开关太勤反而浪费电 ………………………… 130

万能胶并非万能 ……………………………………… 131

不要用装服装的塑料袋装食品 ……………………… 131

电脑也要防雷击 ……………………………………… 132

飞檐不仅仅是为了好看 ……………………………… 132

用药不慎会导致营养不良 …………………………… 133

开刀不用手术刀 ……………………………………… 133

吃并不比睡更重要 …………………………………… 134

电视天线并非架得越高越好 ………………………… 134

有腿无轮的车 ………………………………………… 135

最早的汽车不烧油 …………………………………… 135

"点石成金"并非只是空想 …………………………… 136

人们生活少不了二氧化碳 …………………………… 136

水火并非不相容 ……………………………………… 137

墨也能治病 …………………………………………… 137

用微波炉热饭不会损害健康 ………………………… 137

清晨的空气并不新鲜 ………………………………… 138

垃圾不是废物 ………………………………………… 138

噪音不全是有害的 …………………………………… 139

着装也会影响情绪 …………………………………… 139

最容易解渴的不是饮料 ……………………………… 140

荒唐的建筑不荒唐 …………………………………… 140

一年并非只有 365 天 ………………………………… 141

血型也能变异 ………………………………………… 141

不用电的家用电器 ·· 141

天热不要猛降温 ·· 142

不花钱的照明光 ·· 142

洗衣机洗衣服有讲究 ·· 143

眼见未必为实 ·· 143

做做"白日梦"没什么不好 ································ 143

智商不等于智力 ·· 144

洗净的鸡蛋反而容易坏 ······································ 144

铅笔不是用铅做成的 ·· 145

不可小看的牙齿 ·· 145

颜料并非就是染料 ··· 146

有些人不适合大笑 ··· 146

神童并不神奇 ·· 147

低血压不是贫血 ·· 147

脑袋大小与智力无关 ·· 148

糯米纸不是用糯米做的 ······································ 148

橄榄油不是从橄榄中榨出来的 ··························· 149

黑芯香蕉不是烂香蕉 ··· 149

从年轮数树龄并不十分准确 ······························ 150

用牙刷刷牙不一定能防龋 ·································· 150

鸡蛋不宜多吃 ·· 151

鸡蛋最好不要生吃 ··· 151

人不吃的霉粮别喂鸡 ··· 152

烂果剔净了也不要吃 ··· 152

喝浓茶不能治病 ·· 152

水果不是吃得越多越好 ······································ 153

巧食肥肉不会长胖 ··· 153

罐头食品不宜多吃 ··· 153

过敏食物未必要终身忌食 ·································· 154

不要喝煮沸时间过长的开水 ······························ 154

假酒不能喝 ··· 155

吃酱油不会使皮肤变黑 ······································ 155

冬季烤火也有讲究 …………………………… 155

"严父慈母"并非很好 ………………………… 156

手指轻微损伤并非轻伤 ……………………… 156

多喝纯净水并不好 …………………………… 156

癌症病人要忌口不完全正确 ………………… 157

不只是老人才需要锻炼身体 ………………… 157

吃生姜并非没有禁忌 ………………………… 158

睡眠不能太多 ………………………………… 158

男女脑部的构造是不同的 …………………… 159

药补不如食补 ………………………………… 159

不要经常听"随身听" ………………………… 159

紫菜不仅仅是菜 ……………………………… 160

长高没有诀窍 ………………………………… 160

"残茶"未必无用 ……………………………… 160

谨防杀虫剂中毒 ……………………………… 161

不是每个人都会休息 ………………………… 161

带虫眼的蔬菜不一定无农药 ………………… 162

磁疗并非万能 ………………………………… 162

黄金没有营养价值 …………………………… 162

平常的唾液不平常 …………………………… 163

方便面不应成为主良 ………………………… 163

猪肉并不是越新鲜越好 ……………………… 163

锻炼身体要有选择性 ………………………… 164

别信"高枕无忧" ……………………………… 164

抽烟不能提神 ………………………………… 165

最好不吃油炸食品 …………………………… 165

看电视时不要吃零食 ………………………… 166

"纯天然"不一定优于"人工合成" …………… 166

剧烈运动后不宜喝大量白开水 ……………… 167

适当献血无损身体健康 ……………………… 167

白开水不见得最卫生 ………………………… 168

疲劳也会致病 ………………………………… 168

睡前喝点水有好处 ……………………………………………… 169

硬币不沉并非沾有油 …………………………………………… 169

嚼口香糖不能代替刷牙 ………………………………………… 170

过度运动会致病 ………………………………………………… 170

动物并非不会做梦 ……………………………………………… 170

长期不吃蔬菜会得病 …………………………………………… 171

莲藕也需要呼吸 ………………………………………………… 171

荷叶表面并没有油 ……………………………………………… 172

植物的茎不全是又长又直 ……………………………………… 172

植物也要睡觉 …………………………………………………… 172

鸭子梳理羽毛并非是在打扮 …………………………………… 173

鸵鸟不会把脑袋伸进沙子里躲敌 ……………………………… 173

铁轨不是铁做成的 ……………………………………………… 173

爱斯基摩人的房子不会冻死人 ………………………………… 174

印钞票的纸不是用木材制造出来的 …………………………… 174

水果不要放在冰箱冷冻室里 …………………………………… 174

轮胎上的花纹不是为了好看 …………………………………… 175

不用法衣粉的洗衣机 …………………………………………… 175

当个宇航员不简单 ……………………………………………… 175

蜗牛并非没有脚 ………………………………………………… 176

电话线不仅是传送声音 ………………………………………… 176

人体内的细胞并非只有一种 …………………………………… 176

一、别误解了天文地理

每朵雪花形状并不相同

从天上飘落下来的雪花，除了有一点相同外，它们实际上彼此各不相同。也就是说，每朵雪花都有六个侧翼，这是它们的相同点，但除了六个侧翼或六个尖角之外，从来没有两朵雪花在花形图案上是相同的。雪花的形状其实是千姿百态的，它们是由单个晶体或多个晶体构成。每朵雪花的中心都有一个微粒，通常是尘埃微粒。

一天并不总是 24 小时

一天有 24 小时，这是谁都知道的常识，可是，由于月球对地球的潮汐作用，地球一天的时间长度并不一样，每天的时间在变长。珊瑚上的日纹就清楚地记录这种影响，小明的爷爷正是凭这来判断的。依据这种理论，天文学家甚至测算出地球的一天曾经不足 5 小时，而在遥远的将来，地球的一天将长达 1320 小时呢！

天热洒水并不能降温

其实，天气闷热不仅和气温有关，还与空气的相对湿度有关。气象学家证实，当气温达到30℃~35℃，相对湿度达到33%~35%时，人们还可以忍受，不感到天气闷热。但是，当气温还保持在30℃~35℃，而空气湿度再增大时，人们便忍受不了，觉得天气闷热。这是因为空气湿度增大时，人体汗腺难以排汗，汗液蒸发散热迟缓，这时人们就闷热难忍了。

飓风的中心很平静

飓风产生在热带的海洋上。烈日一天又一天地照晒着海水，海上的空气变得很热。突然间冷空气从四面八方流动过来，向上挤压热空气，热空气上升，很快地冷凝起来，变成倾盆大雨。而周围的冷空气还在不断流过来，像排水沟排出的水那样形成一个个的漩涡，夹杂着风和雨盘旋着，于是形成飓风。但在飓风的中心也就是"风眼"，那里并不旋转，而是非常平静。

雪不是冰冻的雨

郝思伟说得并不对。因为高空空气快速冷却时，水蒸气就直接凝结成冰晶粒，于是出现大暴雪。不能说雪就是冰冻的雨，雪是直接冷凝成冰粒的水蒸气。

北京时间并不从北京发出

北京时间的发出地不在北京，而是在陕西蒲城县的中国科学院陕西天文台——我国唯一的标准时间授时中心。

地球上最大的山脉不在陆地上

地球上最大的山脉既不是喜马拉雅山脉，也不是安第斯山其他一些陆地上的山脉，而是在海洋里。大西洋山脉算得上是地球上最大的山脉。这个山脉从北冰洋一直蜿蜒至南冰洋，山峰平均高度为 3000 多米。在亚速尔群岛，甚至有一个高大的山峰，高达 8229 米。此山脉长 16000 千米左右，宽度大约是安第斯山宽度的两倍。

2月30日并不是没有出现过

在当今的每一本日历里，你准会找不到2月30日这天。可是，这并不是说自有日历以来，人们就不曾见过2月30日。在古代，就有过2月30日这天。

海市蜃楼不只是发生在海面或沙漠上

海市蜃楼是在特殊条件下形成的一种大气光学现象，多发生在宽阔的海面上或者广袤无垠的沙漠上。有时，它也会出现在千里冰封的雪原或者内陆上。气象学家们指出：一些使物体的光线在穿过大气层时能发生折射、形成反射现象的地方，都有可能出现蜃景。而把蜃景叫做"海市蜃楼"，跟海连在一起，让人误以为蜃景只发生在海面上。

蔚蓝的天空没有蓝色气体

秋高气爽的季节，在太阳光的衬托下，大气呈现出纯净的蓝色。实际上，大气中并没有什么蓝色的气体，大气本身是无色的。蓝色是太阳光的杰作。

北极星的称号不会永远属于小熊座 α 星

环绕北方天空、地球北极所指的天空那一点，被称为北天极。小熊星座 α 星恰好靠近北天极，所以它获得了"北极星"的称号。但是，北极星的称号不会永远属于小熊座 α 星。天文学家推算，大约在 12000 年以后，织女星最终会取代小熊座 α 星，成为新的北极星。

天文台不是气象台

许多人总以为天气预报是从天文台发出的，总分不清天文台与气象台的功能，实际上，天文台不是气象台，前者属于天文学范畴，后者是与气象科学有关的单位。气象学研究的是地球表面那一层大气，而天文学研究的空间范围包括了整个宇宙。气象台是观测、研究气象现象的机构，天文台则是观测、研究天文现象的机构。

自动气象站并非全自动

在一些人迹罕见、交通不便的山区、沙漠、海岛、高原，常可以见到那些高高矗立的仪器，这就是自动气象站的仪器。许多人以为自动气象站就是无人监测的全自动的气象站，其实，自动气象站并非全自动，它不能完全代替人的工作。

指南针并不指向正南方

地球上的磁场分有南磁极和北磁极。它们的位置与地理上的南极和北极不一样。北磁极距离真北极，即地理上常说的北极，还有 1600 多千米远。南磁极也是如此。所以与南磁极方向一致的指南针，并不指向南极，也即正南方。

发洪水并不一定是坏事

洪水具有很大的破坏性，但有时发洪水并不一定全是坏事呢！埃及尼罗河每年发一次的洪水就是好事。每年春季，尼罗河河水漫出下游谷地的两岸。洪水使很多物质沉积在河流的两岸，形成天然的冲积堤。埃及人在这些肥沃的土壤上种植棉花、水果和谷物。一年过去，庄稼收获以后，土地被灼热的太阳晒干。洪水再来时，又使土地肥沃丰产。

石棉不是棉花

火成岩和沉积岩在来自地球深处的热力和压力作用下，改变了形态，形成变质岩。变质岩是构成地球表面的几种主要岩石之一。在变质岩中，形状像长的丝质纤维的就是石棉。因此，石棉其实也是一种石头。石棉纤维可以织成防火材料，用做刹车衬带或消防服。

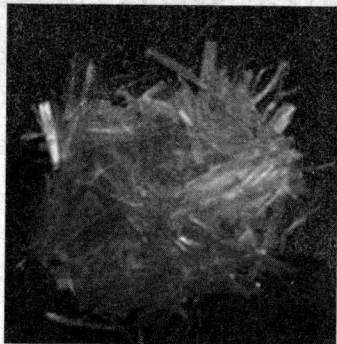

木化石不是木头

木化石已不是木头，而是石头。它的成因是这样的：千百万年以前，大树在沼泽地里倒下，那里的水含有一种造岩矿物——可溶石英。水渗透进树的细胞后，树木腐朽时石英凝固起来，于是变成石头。

月亮并非不会消失

科学计算证明，由于月球对地球的潮汐作用，使得地球自转越来越慢，这种对于地球自转起着制动作用的潮汐摩擦，尽管微不足道，但经过亿万年计的日积月累，它最终会让月亮离地球越来越近，让月球破裂而毁灭。当然，这种奇事至少在未来的数十亿年内是不会发生的。

月海不是海

月海实际上是月球表面比较开阔而平坦的大片平原。早期用简陋望远镜观测月球的天文学家们，不了解月球实际上是个无生命、无水的天体，相反，他们推测月球应该与地球一样，部分表面覆盖着海洋和江湖等水面，因此把那些平原叫月海。今天，科学家们已经弄清了所谓月海只是些大片平原，或者说，只是些覆盖着尘埃的沙漠。不过，海的叫法却被保留了下来。

台风并非有百害而无一利

在人们的印象中，台风真是一无是处，只能给人以危害。但其实并不尽然。台风可以直接带来降雨，给旱区带来充足的水分。它也能与冷空气结合，形成间接降雨。台风一般在七八月份登陆我国，这时是我国大部分地区一年中最炎热的时候，台风所到之处，能给人降雨降温，给炎炎夏日一头冷水。所以，台风有害也有功！

天上静止卫星并非静止不动

静止卫星是地球静止轨道卫星的简称。这种卫星绕地球转动的角速度和地球自转角速度大小相等、方向相同。由于卫星运动与地球自转是同步的，因此，人们在地球上看上去，静止卫星好像是不动的，它静止地悬挂在人头顶的星空上。事实上，静止卫星在不停地运动着。

天上掉馅饼并不是不可能

天上掉馅饼，本来是形容一些懒人企图不劳而获的妄想，但是，天上有时真的会有掉馅饼的好事呢。世界各地就先后降过钱币雨、鱼雨、青蛙雨、豆雨、谷雨等千奇百怪的雨。原来这些都是龙卷风做的好事。龙卷风中心像个漏斗，里面呈真空状态，有着惊人的吸力，它所到之处，可以把那里的钱币、鱼、庄稼甚至汽车轻易吸起，再"扔"到别的地方去，于是天就下起种种怪雨。

诸葛亮不是神算子

诸葛亮巧借东风烧曹营，其实不是未卜先知，而是巧妙地运用了现代人所用的天气预报。诸葛亮在时值秋末冬初的 11 月份，根据当时的天气变化，预测将有东南大风出现，这是符合天气演变规律的。赤壁的 11 月份天气，也果然不出诸葛亮所料，不几天，长江江面上风浪大作，强劲的东风一阵阵吹向北岸，结果火烧赤壁，把曹军打得大败。

寒潮不是寒流

其实寒潮与寒流是两个不同的概念。寒潮是气象学上常用的名词，专指天气活动过程，它有时间性，只发生在特定的季节里。在我国，寒潮是来自北方的强冷空气，是一种严重的灾害性天气过程。而寒流属于海洋动力学上的范畴概念，指的是海洋表层大规模的定向的海水运动，它是指海洋从高纬度向低纬度大规模的海水流动现象。海流按水温的不同，可分为暖流和寒流两种。寒流由于水温低，因而对沿途气候有降温减湿的作用。

航空航天飞机不是航天飞机

航空航天飞机是一种能从一般机场跑道上水平起飞、加速、穿越大气层、进入地球轨道执行任务后再返回大气层，在机场水平着陆的跨大气层新型飞行器，它又简称为"空天飞机"。这种飞机实际上是一种未来新型的天地往返运输工具，现在只是处于研制阶段，还没有真正开始为人类作贡献。而航天飞机是目前人类飞向太空的主要运载工具，也可以水平着陆，但它只能垂直发射。所以，这两种飞机是不一样的，航空航天飞机比航天飞机更高级。

"救星"出现已不再是幻想

在我们的生活中，已经出现了一种专门用来救援、救人的人造卫星。这种人造"救星"有着极强的搜索、接受求救信号的能力。它只要处于适当的轨道上，与地面设备配合，就可以收到来自全球每个角度的求援救险信号，从而向地面救援人员发出指令，前往援救。救援卫星收到求救信号后，会自动地算出遇难者所在的位置，而且很快地把失事情况报告地面接收站。至今，地球上空至少有 10 颗这样的"救星"，它们已经拯救了 500 多名遇险者。

海与洋不一样

人们常习惯将"海"与"洋"放在一起称呼，认为海和洋是一回事，其实，它们是有区别的。

海的面积不算大，它靠近大陆，内侧是大陆，外侧是大洋，中间被陆地的尖端或群岛、岛屿分割开。如地中海、南海、白令海等就是这样的海。而洋一般远离大陆，由半岛、群岛同海区别划开，水域面积比较大，水深超过2000米。世界上主要有四大洋：太平洋、大西洋、北冰洋和印度洋。海洋这个词代表一个整体，海和洋又是相互连通的，海洋既包括主体部分的"洋"，又含有附属部分的"海"。

海面跟陆地一样有起伏

"海面是平的"是一个错误的认识。经卫星探测，发现海面和陆地一样，有一定的起伏，只是这种起伏的幅度很小，而且是在上千平方千米的范围内逐渐变化的，所以肉眼无法察觉。世界大洋的洋面最高隆起面在非洲东南的印度洋，它高出平均海面48米。海水水面之所以会高低不平，主要是由于地球各处的重力场不同造成的。地球内部的质量较大的地方，就会在海面上产生正重力异常现象，于是出现隆起的水面。

水星无水

水星其实是一个没有水没有生命的行星。那里没有空气，时热时冷，荒凉死寂。它的地形跟月亮相像，有许多环形山，还有裂谷、平原和盆地，但就是没有水。所以称它是水星，真是名不副实！

在我们地球上看过去，小小的水星简直就像是太阳的"跟屁虫"，一天到晚跟太阳形影不离。

恒星不恒

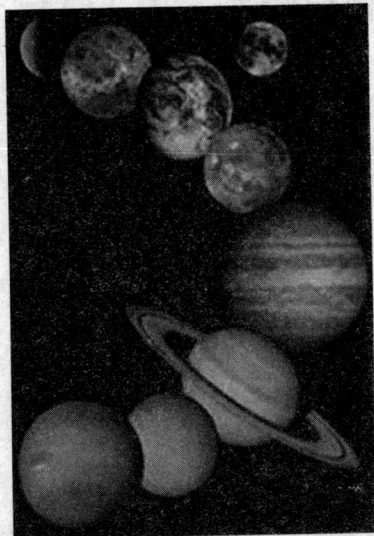

在我们的宇宙中，恒星是组成这个广阔无垠空间的主要成员。古代人在制作星图时，认为星星是恒而不变的，因而给它们取名为恒星。就是在现实生活中，也有许多人认为恒星是固定不动的。其实，科学家们早就证明，恒星的位置不但经常变更，就是亮度也有变化。只是恒星离我们太远，数量又多，人用肉眼是很难觉察到它们的变化的。

不可能有"金星人"

金星是九大行星中距我们地球最近的行星，金星的直径、质量、平均密度等数据与地球相差不多，它也有大气层，特别是近阶段人们在金星上发现了水的痕迹，于是人们猜测，金星上肯定有生命，甚至大胆造出"金星人"的历险故事。而事实上，金星上是个可怕的地狱！金星的大气浓度密得惊人，大约是地球大气压的 90 倍，一个篮球在这里会被压成跟乒乓球差不多大。整个金星像大熔炉一样炎热，它的表面温度大约有 475℃。在这种环境下，是根本不可能有什么金星人的。

新星不是新的恒星

人们在观看天上的星星时，会突然发现一些新冒出来的星星，于是，人们把这颗从未见过的星叫新星。

其实，新星并不是刚诞生的星，相反，它是一些年老的恒星。原来，这些新星早就存在在宇宙中，因为它平时实在太暗了，夹杂在满天繁星之间，很难被人发现。有的时候，这些年老的恒星会由于某种原因，突然引爆积聚在表面的氢，发出亮光，在几天之内比原来增亮上千上万倍，于是，它便被人们发现了。当新星上的氢燃烧完后，它又会恢复到以前的亮度。

空气中的氧气不会用完

科学家测定，地球上的绿色植物，每年要从空气中吸取大约 5500 亿吨的二氧化碳。具体来说，三棵大桉树一天吸收的二氧化碳，等于一个人一天所呼的二氧化碳。同时，按现在地球上植物的光合作用产氧量估计，每年可产氧气 1000 多亿吨，而地球上生物耗氧量只是其中的 6% 左右。科学家还发现，除了绿色植物吸收二氧化碳外，那些不起眼的岩石也喜欢吸收二氧化碳呢。所以，人们大可不必担心空气中的氧气会用完。尽管如此，科学家还是提醒大家，尽量减少向大气排放二氧化碳，减少对大气的污染。

月非中秋明

俗话说："月到中秋分外明。"但是，天文学家告诉我们，并非每年的中秋月亮是最明的。因为，月亮的圆大、明亮程度，除了天气因素外，还要取决于月地距离、"望"的时刻、月亮与太阳在空中的相对位置等条件。这些条件不是一成不变的，因此很难说中秋月是最明亮的月亮了。据天文学家计算和观察，一般只有发生在冬至日前后的"望月"，才是真正最亮的月亮。

太阳并非不会熄灭

太阳也会有熄灭的那一天，太阳不是永恒的。太阳和世上的万物一样，有它的出生期、壮年期和老年期。现在的太阳年轻充满活力，在 50 亿年之后，太阳便进入它的老年期。那时的太阳会萎缩得跟地球一样大小，太阳芯也由于冷光失去光泽，最后变成黑色矮星，在宇宙空间的黑暗中消失。有人会因此担心 50 亿年之后没太阳了怎么办？这不用担心，也许那时的人们早已移居到其他星球上去了，人类的文明也足以应付这一切。

人造卫星不会掉下来

卫星是不会从天上掉下来的，除非它发生事故。我们知道，地球上的任何物体都受到地球引力的作用，这个力的方向始终是指向地心的。如果我们沿地球表面抛出一个球，抛出的速度越大，距离就越远。试想一下，当速度大到一定程度，抛出的球的轨道弯曲程度与地球表面弯曲程度一致，这时地球对它的引力就成为它绕地球做圆周运动的向心力。抛出的小球不再落到地面，而是环绕地球运转。人们根据这个道理，制造出了人造卫星。所以，人造卫星不会受地球引力的作用而掉下来。

行星不会"眨眼睛"

恒星会"眨眼",是因为它的光经过地球大气层时,由于大气层的动荡不定而引起的。而行星不会"眨眼",主要是由于它离开我们要比恒星离开我们近得多。因为离得近,所以看上去就不像恒星那样是一个小光点,而是一个圆形的面(当然这个圆面很小,人的肉眼是觉察不出来的)。正因为有这样一个面,大气层的动荡不定就不能让它"眨眼"。

地球不像地球仪那样圆

人们看到地球仪,总误以为地球是一个规则的圆球,像乒乓球那样滴溜滚圆。其实,如果我们从太空上看地球,就会发现地球是一个南北向较短的扁球,说它像个橄榄球可能更合适些。因为地球各处离心力的不同,所以使地球形成一个两极稍扁、赤道略鼓的球体。

雨水不能喝

人们总误以为雨透明晶莹，雪洁白无瑕，雨雪是非常干净的，可以直接饮用。但事实上，它们不干净，特别是靠近城市上空的雨雪，更不能直接拿来饮用。

因为雨雪在从天上掉到地上的"旅程"中，会带上很多"小垃圾"，比如工厂里排放的烟粒、地面上空的灰尘，甚至连空气里的细菌也趁机混了进来。所以，当雨雪"满身疲惫"地降到地面时，已经是不干不净了。

月亮不会跟人走

在明月高照的夜晚，你如果一边走路，一边盯着月亮甚至星星看，会发现月亮或星星真的在跟人走呢。其实，这是人的一种错觉。

我们走路的时候，不能不注意周围的事物，可是我们的视野是有一定范围的，在前进的时候，近在身旁的事物很快地因为我们走过它，就在我们的视野里消失了。可是，较远一些的事物，因为在视野里占的地方较小，移动得较慢，所以消失得要慢些，像跟着人走一样。在月明的晚上，因为乡村周围很少有光亮能比得上月亮，所以月亮成了我们视野里唯一不会迅速消失的东西，它也好像是一直跟着我们走一样。

台风眼里没有大风

台风是热带海洋上猛烈的大风暴，它实际上是范围很大的一团旋转的空气。在台风中心平均直径为40千米的圆面积内，通常称为台风眼。它里面的空气几乎是不旋转的，风极其微弱。正因为这样，所以在台风眼中，有时会出现许多鸟群，把这当成"避风港"。

冰雹并非出现在冬天

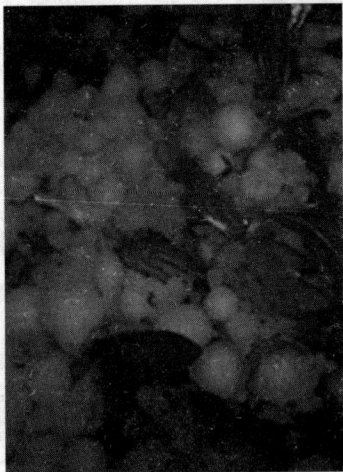

冷冷的冰雹，形成它的环境温度非常低，有人便以为冰雹是冬天的产物，但事实上，冰雹出现在暖季，寒冷的冬天相反没有。

冰雹和雷雨同出一家，它们的老家都是积雨云，只是产生冰雹的积雨云升降气流更强烈一些，这种积雨云又称为冰雹云。而产生这种冰雹的冰雹云大多出现在暖季，特别是在春末和夏初的季节，而很少出现在冷季。

空气热并不是太阳晒成的

阳光的作用真是大。如果没有阳光，地球上就没有光和热，空气自然也就不会热。一般人据此就认为：空气热自然就是太阳直接晒成的。其实，这种认识不正确，准确地说，空气热是地面"烤"的。太阳光射到地球上的是短波辐射，大气不能吸收这种辐射的热量，所以阳光虽然穿过大气，却不能把它晒热。地面和海洋却能吸收这种热辐射，再以长波向空中辐射热量，大气能吸收这种辐射的能量变得热起来。另外，地面还可以通过空气的上下对流，把一部分热量传给大气。所以空气只是间接地吸收了太阳的热量。

雷公墨不是雷公制造的

雷公墨是一种玻璃石块，但它的形成跟雷电没有一点关系。雷电是一种自然产生的猛烈放电现象。如果这样的雷电打在石头上，是有可能使石头发生熔融而形成玻璃质石块。但是，雷电是一种遍布全球的自然现象，而雷公墨到现在为止，只在地球一些个别地方能找到。另外，在东太平洋深海沉积岩中，也发现有雷公墨的踪迹，这是雷电不能到达的地方。所以，科学家猜测，雷公墨跟雷公没有关系，它可能是一种天外陨石。

牛郎织女不可能相会

夏日黄昏，正对我们头顶上的一颗亮星，就是织女星。织女星近旁还有 4 颗小星，好像织布用的梭子。隔着银河，在天空的东南方，与织女星遥遥相望的一颗亮星，就是牛郎星。传说牛郎织女每年七夕（农历七月初七）晚上过河相会。这当然只是神话传说。事实上，天上的牛郎织女星是很难相会的。从牛郎星到织女星要 16.4 光年。这样远的距离，让这两颗星很难在一起。

南北极并非是不毛之地

在人们的印象中，冰雪覆盖的南北极，是块不毛之地。但这是一种错觉。我们所称的南极，是指南纬 66.5° 以南的地区，北极是指北纬 66.5° 以北的地区。整个北极地区除了不长植物的极地冰原外，还包括北极苔原带和泰加林带等地带。在这些苔原带与林带地区，植物的种类比人们想象的要丰富得多，光地衣就有 2000 多种，苔藓有 500 种，甚至开花的植物都有数百种。南极跟北极也差不多。可见，南北极地区的植物是很丰富的，并不全是不毛之地。

海水不只是呈现蓝色

一提起大海，人们总爱用蔚蓝色来形容。特别是对于没有见过大海的人来说，往往认为大海就是蓝色的。其实，海水不只呈现蓝色，它实际上是一个色彩变化多样的"调色师"。广阔无垠的海洋，从深蓝到碧绿，从微黄到棕红，展现着多种色彩。海水呈现什么样的颜色，是由海水的光学性质和海中悬浮微粒所决定的，当然，也与它所处的地理环境有很大关系。就是在同一海域，同一时间，从不同的角度看海水，海水的颜色也有分别。

泾渭并不分明

泾河和渭河是黄河上游水源的两大支流，这是两条较古老的河流。成语"泾渭分明"原意是说泾河与渭河两条河，一清一浊，在两者汇合的地方，两河河水清浊分明。人们常用这句成语来形容事物是非分明，反差强烈。但事实上，现代的泾河与渭河因受环境的影响，并不分明了，都是一样的浑浊难辨，早已失去了古代那一清一浊分明不合的风采。

不能用污水直接浇田地

生态环境保护专家向人们发出警告：不能直接用城市污水浇灌农田。因为这些污水中，含有大量的对人体健康有害的重金属，如镉、锌、铅、汞，还有许多有毒又能分解的有机物，以及一些严重的病毒、细菌，都会给田地里的粮食和蔬菜造成严重污染，人吃了这些粮食和蔬菜就会得各种怪病。而且，这种污染是让人难以觉察的，有些用污水浇灌的农田还增产了，给人以假象的迷惑。

黑海不是海

黑海位于欧亚大陆之间，像个大大的"S"形。人们把黑海称为海，是因为它过去确实是海的一部分，只是由于后来地壳运动，才让它与大海分离，成为现在这个样子。而且它确实有着海的许多特征：水深面积大，水中动植物跟海洋里的动植物差不多。其实，黑海不是海，它是地球上最大的湖泊。

火并非只是森林的敌人

火历来被视作森林的大敌。几乎每年都发生的世界各地的森林大火，往往会给当地带来巨大的损失，甚至严重影响当地的气候。但在科学家的眼里，火除了是森林一大害之外，也是森林生态圈中不可缺少的一部分，甚至是森林的好朋友。科学家对美国红杉公园研究发现：一旦人为控制了森林火情之后，林中地表厚厚的落叶和碎枝，使红杉树种落下来后几乎不能接触土壤，让红杉的繁殖受阻。在近 30 年的禁火期，公园管理人员没见到一棵红杉幼苗。怎样才能使火与森林保持一个生态平衡关系，这是一个需要长期探索的问题。

世界各地的石油不一样

石油是一种褐色或黑色的可燃性矿物油，被人们誉为"黑色的金子"。但是，世界各地的油田产出的原油并不一样。由于地壳中构成的原因包括年代、地层构造、原始物质等不同，因而各地石油的性质也不相同。正因为各地石油存在差别，所以炼油厂和石油化工厂在接受不同油田的原油时，都要先进行复杂的原油评价分析，然后确定最合理的加工方案，改变原来的生产工艺。

我国国土面积不止960万平方千米

国土，简单地说，就是一个国家的领土。说起领土，人们往往只想到陆地国土，其实还应该包括海洋国土。陆地国土和海洋国土上的整个空间，也要算在国土之内，叫领空。国土是用面积来计量的。我国的陆地国土的面积大约有960万平方千米，我国的海洋国土面积是300多万平方千米。把陆地国土的面积和海洋国土的面积加起来，才是我国国土的总面积。那种说我国国土面积是960万平方千米的回答是不确切的。

地震并非一无是处

地震，名列给人类生命财产造成严重损害的十大自然灾害之首。但在科学家的眼里，地震也有它可以为人类服务的一面。在探索地心之谜的过程中，科学家发现，地震是最好的地心情报员，它可以给人们带来许多地底下的最新情报。因为地震发生时，从震中传出一种地震波，地震波向四面八方传播，有的可以一直传到地心。由于地球内部的物质结构不同，使地震波反射或折射也不同，人们用仪器记录下这些情况，就可以从中找到地下的许多秘密。

海岸线不是一成不变的

海岸线并不是静止不动的，它像得了"多动症"的孩子，是会经常变化的，只不过这种变化不是在一朝一夕完成的。海岸线有时会向海洋推进，有时会向内陆退却。让海岸线不停变化的主要原因是地壳运动。此外，入海的河流等也是影响海岸线的因素。

土壤不是"死"的

土壤是地球上可生长植物的有肥力的一种疏松表层，在人们看来，土壤从来都是平静的，是"死"的。可是，专家们向人们展示的土壤世界，却是一个"生龙活虎"的世界，这里无时无刻不在进行着生与死、建设与破坏的激烈较量，物理、化学和生物工程等方面的变化无处不在。土壤里还生活着无数的微生物，还有蚯蚓、蚂蚁、田鼠等动物在土壤中打洞、修坑道，可以说，土壤是死自然体与活自然体相结合的统一体。

海洋下面并非一片寂静

许多人以为海洋深处一定是死气沉沉，一片寂静，其实，海洋下面并非一片寂静，相反，海洋下面是一个热闹的世界。那里有生物噪声、舰船噪声、海底火山和地震活动的噪声，以及风、浪、潮、流产生的噪声，还有那特别的次声。研究海洋噪声甚至成为海洋学家的一项课题。

最大的沙漠过去并非是不毛之地

世界上最大的沙漠是撒哈拉沙漠，在这里，除了星星点点散布在沙漠中的小绿洲外，人眼所见的就只有沙漠、戈壁和光秃秃的石山。地质学家告诉人们，在几千年前，撒哈拉沙漠却并非是不毛之地，而是一片草木繁茂、雨水充足的大草原。这里曾经经济发达、牛羊成群，只不过后来气候逐渐变得干旱，草原慢慢消失，才变成现在这个样子。

长江曾经向西流

"滚滚长江东逝水",谁都知道我国第一大河长江,是自西向东流入大海的。可谁又曾想到,早期的滔滔长江却有过向西注入古地中海的历史呢!我国著名的地质学家李四光曾经指出,在很久以前的地质历史时期,我国三峡地区发生强烈褶皱,成为华西与华东的分水岭,岭西的水因此全部向西流去。到了距今大约5000万年前,由于印度大陆向北运动,与亚欧大陆相挤压,形成了原始的青藏高原,才改变了长江西流的局面。

北回归线并非静止不动

打开地图,你都会看到:大约在北纬23°26′处有一条与纬线平等的虚线,这就是北回归线。它经过我国台湾、广东、广西、云南四省区,在我国境内长达2000多千米。一般人可能都认为,地球上的回归线是不动的,但事实上,科学研究表明,北回归线正在逐年南移,每年约向南移动14米。

地球最热的地方不在赤道

地球上最热的地方不在赤道，而是在那些远离赤道的大沙漠。这些世上最热的地方，白天的平均气温，远远超过了地球赤道地区的气温。赤道上一年平均最高气温纪录，很少有超过35℃的，而非洲撒哈拉沙漠地区，白天最高温度很容易就达到55℃。目前，世人公认的世界热极主要有利比亚的加里延、墨西哥的圣路易斯、非洲的索马里等地。

山崩与滑坡不是一回事

山崩和滑坡一样，都是一种破坏力很大的自然灾害。生活中，人们往往把它们混为一谈。其实，山崩与滑坡是有区别的。山崩是山体崩塌下落的一种。在那些陡峭的高山斜坡上，岩石和土块由于重力作用，有时会突然发生巨大的崩塌，于是岩石和土块从山上滚落下来，这就是山崩。而滑坡是指山的斜坡上那些不稳定的土体和岩石，在它们自身的重力和地表水、地下水的作用下，沿着斜坡内部形成一个滑动面而整体下滑的现象。发生滑坡时，常常会是半边山体一起往下滑，当地居民把它形象地称为"走山"。

梁山泊已不复存在

《水浒传》中的梁山泊现在已不复存在。梁山泊位于山东省西部,据史料记载,北宋时的山东梁山泊,是一个烟波浩渺的大湖。但是,如今山东梁山泊一带,已经变成人烟稠密,农田一望无际的地方。唯一留下的是一座座孤立在平原上的石丘,似乎在诉说着过去的历史。一个湖泊的生长与消亡,与它周围的气候、水文、地质地貌、植被等因素密切相关,所以我们要加倍珍惜保护这些"大地的眼睛"。

狮子座流星雨并非来自狮子座

狮子座流星雨并不真的是源自狮子座,它发源于一颗名叫坦普尔—塔特尔的彗星。流星雨一般以发源地所在的星空星座的位置命名,像狮子座流星雨、猎户座流星雨等,并不真的源自这些星座。这里的星座只是起定位的作用,与流星雨的发生并没有关系。

农历不是阴历

农历不是阴历，而是一种阴阳合历。现在世界上通用的是公历，也叫阳历，这种历法把地球绕太阳一周的时间称为一年，一共是 365 天 5 时 48 分 46 秒。阴历是一种世界上最古老的历法，这种历法把月亮每圆缺一次的时间定为一个月，共 29 天半，一年的时间加起来大约是 354 天。而我国目前还习惯在用的农历，跟阴历一样，把月亮每圆缺一次的时间定为一个月，大月是 30 天，小月是 29 天。但它又跟阴历不一样，农历用加闰月的办法，使自己年平均天数跟阳历全年的天数差不多，更加方便人们安排农事。

弟弟有可能比哥哥年龄大

按照我们日常经验和时间传统观念，哥哥只会比弟弟年龄大，但是在一些特定场合，哥哥却真的有可能比弟弟年龄小呢。假如有一对孪生兄弟，假设弟弟 A 始终留在地球上，哥哥 B 乘坐速度接近光速的宇宙飞船飞离地球，当 B 一年后再返回地球时，人们会看到哥哥 B 比弟弟小了将近一岁。这是因为飞船上的时钟比地球上的时钟走得慢些，时间被运动伸长了。

不用轮子行走的火车

的确，火车、汽车都有轮子，但是，现代高速列车譬如气垫列车、磁悬浮列车尽管有轮子，但它们一旦奔跑起来就不用轮子。上个世纪60年代末问世的气垫列车，首先打破了火车不用轮子行驶的惯例。这种气垫列车用向下喷射的气流做气垫，来取代轮子。这些不用轮子行驶的火车，消除了与地面的摩擦阻力，速度比一般的有轮火车更快些。

飞艇没有过时

飞艇是一种比飞机的飞行历史早得多的飞行器。但在飞机技术飞速发展的今天，人们几乎一致认为这种笨重的飞行器过时了，但是，科学家发现，飞艇远没有到"退休"的年龄，并没过时，它具有许多别的飞行器所无法比拟的优点。例如，它拥有巨大的升力，可在空中悬停，航行中只需要前进的力量，消耗的燃料很少。目前，经过技术改造过的飞艇变得安全可靠，是人们用来航空摄影、短途运输的一支生力军。

无声手枪并非无声

人们总望文生义，以为无声手枪在发射子弹时，是不会发出任何声响的。其实，无声手枪在发射子弹时，并非是无声的，只不过发出的声响比较微弱而已。所以，无声手枪改为"微声手枪"更名副其实。无声手枪主要靠枪口的消声筒来消除声音。

力气大不一定能当拔河冠军

拔河，是一项简单的体育活动，在比赛双方的人数相同时进行拔河比赛，人们通常以为哪方力气大，就一定能获得拔河冠军。其实，道理并不这样简单。力气大是决定拔河双方输赢的主要因素，但不是绝对因素。决定输赢的关键因素有两个：一是手的握力，手要抓紧绳子，不能让绳子从手中滑脱出去；另一个重要因素是比赛者的脚与地面的摩擦力，如果让比赛者站在光滑的冰面上，他们再有力气，也是不能赢的。

不用纺织机也能织出布

布，是纺线经过纺织机织出来的。在一座纺织厂里，织布是离不开纺织机的。可是，现在出现了一种新型布，这种布叫无纺织布，又名非织造布，是不用纺织机制造出来的。无纺织布一改传统的纺纱织布方法，是直接在纤维网上黏结，形成的一种新型布状材料。它像纸又不像纸，具有抗水性、吸湿性强、柔软方便、价格低廉，被人们广泛应用在生活的不同领域，如医用、生活用一次性用布，装饰布，小儿用的尿布，工业用布，等等。

机器人不像人

在人们的印象中，机器人就是那些神通广大、可以上天入地、长得跟人一模一样的机器组装成的人。其实，这些都只是科幻小说、科幻电影里的形象。在我们现实生活中，准确地说，机器人还不像人，至少到目前为止，把机器人称为"人"并不准确。机器人一般由机械手、行走装置、感觉装置、驱动装置、控制装置和动力装置等几大部分组成，到目前为止，它们大部分根本不具备人的外形，有些机器人虽然有了跟人类相似的手脚、身躯，但要真正达到像人那样的外形，还得等很长时间。

飞机拉的尾烟不是烟

在蓝色的天空中，飞机飞过时常会留下一道白烟。其实，这些飞机尾部喷出的白烟不是烟，而是一股白色的雾，或者说，它是一种人造云。飞机在高空飞过时，它的燃油燃烧产生的氢气会和大气中的氧气结合，形成水汽，同时放出热量。如果此时空中的温度很低，外界空气湿度又大，水汽量就会饱和，凝成许许多多的小水珠。这些小水珠聚集起来，就形成了一股白色的雾。

稀有金属并不都稀有

稀有金属其实并不都稀有，有些稀有金属不但不稀有，储藏量甚至比那些金、银、铜还要多呢。像锂、钛、钇等稀有金属，蕴藏量比金属铅还要多。既然不稀有，为什么还叫稀有金属呢？这里有许多原因。一是过去科学技术不发达，人们难得找到它们。二是这些金属很少有集中的"聚居地"——大矿床，它们很分散，而且极不容易把它们从矿石中冶炼出来。人们于是把它们称为稀有金属，并且一直沿用至今。

机器人不会统治人类

其实，这类问题科学家们早就下了结论：人类不会被机器人所统治。安装了电脑的机器人尽管在计算速度、应用功能等方面比人类高明，但是它的电脑只是在模拟人脑的功能，组成它的"脑细胞"的，是成千上万个电子元器件，它不能像人脑那样具有创造性。电脑虽然能进行逻辑推理工作，但那是由人们编制的计算程序决定的，是没有人脑那样的丰富创造性的。因此，安装了电脑的机器人不会统治起制造它的人类来。

人眼并不能看见视野中所有位置

在我们人眼正前方视力所及的范围之内，并不是每个位置人眼都能看得见，也就是说，人眼存在盲点。当我们用一只眼睛看 10 米外的房屋时，盲点看不见的房屋面积可以达到 1 平方米呢。但为什么我们平时感觉不到盲点的存在呢？原来，人们习惯感觉不到盲点的存在。同时，人是通过双眼来观察前方景象的，而两只眼睛的盲点所看不到的地方不一样，于是，在总的视野里就没有什么看不见的了。

石头、玻璃和布有关系

其实，石头、玻璃和布的关系大着呢！有些石头可以制成玻璃，玻璃又可以织成布。现在，人们用来制造玻璃的原料主要是砂岩、石灰石和长石。在制造玻璃时，这些石头先被轧成碎块，放到窑炉里去加热熔化成液体，形成玻璃液，再用来制作精美的玻璃制品。现在，人们研制出一种特殊的机器，从玻璃里拉出极细的玻璃丝，再用这些非常柔软的玻璃丝织成玻璃布。像宇航员身上穿的宇航服就是用玻璃布做成的。

最耐高温的矿物不是钨

钨是很重又很坚硬的金属，它的熔点高达3410℃，是人类已知矿物中最耐高温的金属。所以，它被制成钨丝，用在灯泡上。但是，钨并不是自然界中的"耐温王"，世界上最耐高温的矿物应是石墨。石墨的外观像黑色的石头，它跟金刚石是同一家族里的"兄弟"。

铁轨将会无缝化

随着科学技术的发展，少缝或无缝铁轨开始出现了。人们用较长的铁轨来铺设这种无缝铁路。长轨铁路的接缝处焊接接缝留得很小，大大减少了接缝处与火车车轮的撞击声。铁路无缝化已成为当今轨道结构现代化的主要标志。

不是绝缘材料的塑料

其实店员并没有骗小小和他的爸爸。不错，塑料除了被制成多种生活用品外，还被用作各种电器上的绝缘材料，因为，塑料是不导电的，是绝缘体。但现在，人们已研制出可以导电的塑料。这些不是绝缘材料的塑料主要有聚乙炔和聚氟化亚乙烯等。人们用这些导电的塑料代替金属铜和铝，制成电线和电缆，经济又方便。

有机玻璃不是玻璃

生活中处处都可以见到有机玻璃的身影：飞机上的窗挡板、眼镜镜片甚至小小的纽扣，都是有机玻璃做成的。人们总以为有机玻璃就是玻璃的一种，是不易碎的玻璃。其实，有机玻璃跟玻璃完全是两回事。有机玻璃尽管叫玻璃，但它不是玻璃，而是用一种化工原料做成的高分子化合物，它的大名叫"聚甲基丙烯酸甲酯"。

陶瓷不再是易碎品

科学家告诉我们，组成物体的晶体，如果排列不规则，就很容易碎。如果排列得有规则，那么物体性能优良、抗温抗压本领就强。普通的陶瓷容易碎，就是因为它里面的晶体排列得不规则。人们现在用一种新的技术，可以把陶瓷里面的晶体重新排列，让它们变得非常有规则，这样生产出来的新陶瓷可坚硬呢，甚至比钢铁还要坚硬。所以，用这种新型陶瓷制成的发动机，是很牢固的。

子弹不比声音跑得快

一般子弹射出枪口的速度是 900 米/秒，声音在常温下空气中传播的速度是 340 米/秒，所以，子弹出枪口的速度比声音快得多。但是，子弹出发后，会遇到强劲的空气阻力，让它越跑越慢。据测定，如果子弹与声音赛跑，子弹只能获得 900 米以内的冠军。超过 900 米，声音就会超过越跑越慢的子弹。看来，子弹不一定比声音跑得快，它顶多是短跑好手，而声音是长跑健将。

声音也会拐弯

声音是靠空气来传播的，可是声音有个怪脾气，它在温度均匀的空气里，是笔直地跑的，一碰到空气的温度有高有低的地方时，它就尽拣温度低的地方走，于是声音就会随着低温度拐着弯跑。在 1923 年，荷兰有一个军火库爆炸，在离军火库 100 多千米远的地区，没有听到爆炸声，相反，在 1300 多千米的地方却听到了，这就是声音在空气中多次拐弯造成的现象。

火箭和导弹并非一回事

　　火箭是利用自己所喷出的气体，产生反作用力，推动自己前进的一种飞行器。它主要用在星际航行运载工具上，人造卫星就是用火箭送到太空中去的。而导弹是在第二次世界大战快要结束的时候出现的，它实际上是一种可以控制和引导的炸弹，本身装有发动机和制导系统，能够在无人驾驶的情况下，自动飞向目标进行轰炸。

坛子砸在杂技演员头上不会有事

　　如果向你的头顶上砸坛子，你十有八九不是被砸死就是被砸伤，可是坛子砸在杂技演员头上，却不会有事。这是什么道理呢？原来，杂技演员在表演顶坛时，它的坛子不过二三十斤重，当他用头去接坛子时，并不是呆待着不动，而是叉开双腿半蹲着。这样，当坛子落下刚刚碰到头顶时，他就立刻顺着坛子的运动方向向下蹲，这样头上受到的冲力就不会很大，所以不会有事。

同一物体在飞机和在地面上长度不一样

当你乘坐飞机旅行时，有人告诉你，你携带的任何物品都变短了，你一定不相信了，如果你再较真一点，拿把尺来量，你也会发现没有变短。但是，科学家用精确的尺寸来丈量时，却发现在飞机上的物品真的比在地面时短！尽管这缩短的尺寸微乎其微，肉眼看不见。但对于宇航业来说，却是"差之毫厘，失之千里"，是个大问题。原来，在高速运动中，任何物体都会缩短，只不过这种变化太小，人们用肉眼难以察觉罢了。

高空行走并不神秘

胡月说得并不对。其实高空行走并不神秘，除了高空行走表演者练就的平衡硬功夫外，他能在高空中的钢绳上行走，还得力于表演者手中的那根长杆。这根长杆相当于延长了表演者的手臂，起到了摆动平衡的作用。同时，长杆可以防止表演者身体摇晃，减少了高空中风对钢绳的影响。

飞机上的黑匣子并不是黑色的

　　黑匣子的正式名称是飞行记录仪，现代飞机甚至宇航飞机、飞船，都装备有黑匣子，它是飞机、飞船失事时的最后见证物。许多人望文生义，以为黑匣子就是黑色的，可是恰恰相反，这些黑匣子为便于人们寻找，往往被涂上极为鲜艳夺目的橙色或黄色。黑匣子的外壳非常坚硬，能抵挡住强大的冲击力与高温。

合金并非无"记性"

　　人和动物都有记忆，这是一种生命物体特有的功能。但有些合金像有生命的生物一样，具有较强的"记忆力"，能准确无误地"记住"自己原来的形象。无论人们把它怎样弯曲变形，它都能恢复原状。

二、别误解了生活常识

汽水不是"吸"进嘴里的

一般人认为，用塑料管喝汽水的时候，是用嘴的吸力把汽水吸到嘴里的。其实，这种看法是错误的。如果汽水瓶口盖一个塞紧了的软木塞，木塞中插着一根吸管，那么，人从吸管里吸汽水，最多只能吸几口，就再也喝不到瓶里的汽水了。这就证明我们用嘴吸，只吸走了吸管里的空气，至于汽水，那是大气把它压到嘴里去的，并不是我们吸进嘴里去的。我们喝汽水时，嘴把管中的空气吸走，使管中的压强减小，于是管外的大气压把汽水压进人们的嘴里。

用冷水制冰并非比热水冻结快

人们在用冰箱冷冻室制冰的时候，总习惯要等开水冷却后，才把它放入冷冻室，认为这样省电，比热水冻结得快些。其实，这是错误的。你可以动手做个小实验，盛同样多的水，但一个装冷水，另一个装开水，同时放入冷冻室。过半小时后打开冰箱，你会发现，开水已冻成冰，而冷水还没有结冰。这个问题是坦桑尼亚的一个中学生在 1963 年发现的。这个问题比人们设想的要复杂得多，它不仅与物理有关，而且还涉及生物方面的问题。

直着腿跳不高

直着腿跳肯定跳不高。要想跳得高，必须先弯着腿，然后使劲向上跳。原来，人在向上跳的时候，给地面一个作用力，弯着腿比直着腿产生的作用力大，作用力愈大，地面给予人的反作用力也愈大，人就跳得更高些。

爆米花不是在铁筒内长大的

在街头巷尾，有时可以看到挑着担子或者推着车子，专门为人爆米花的人。一般人以为，给装爆米花的铁筒加热时，里面的米粒在慢慢地膨胀变大，其实这是错误的认识。在加热铁筒时，铁筒里的米粒比放进去时大不了多少。只有在猛地把盖子打开的那一瞬间，铁筒内的米粒因受铁筒内的压力作用，才突然"发福"的。

冰不只有一种

什么是冰？许多人认为，只要水冷却到0℃，就是冰。其实，答案并不这么简单。科学家告诉我们，冰的家族成员众多，至少有十几种。我们平时看到的冰，是水在地球表面、即在一个大气压和0℃下形成的冰，称作1号冰。除了1号冰外，其他各种特殊冰都有自己奇异的脾气：重冰比水重，一放到水里就直往下沉；低温冰只有在 -30℃才凝固，它甚至硬得像钢铁，炮弹也轰不烂；耐热冰在182℃的高温下也不会融化……

水滴石穿并非全是水的功劳

滴水穿石的确是一种常见的自然现象，但凿穿石头的并非全是水的功劳，水只是在其中起辅助作用。空气里含有二氧化碳，常见石头的主要成分是碳酸钙，点点下滴的水滴伴随着二氧化碳，落到石头上，使二氧化碳与碳酸钙发生化学反应，生成可以溶于水的碳酸钙；另外，自然界里的水一般呈酸性，也能和碳酸钙发生化学反应，从而导致"水滴石穿"。有些不含碳酸钙的石头，也会被滴水穿透，这主要是水中的尘粒和砂粒等杂质的功劳。

海水结冰后又融化的水不是咸的

　　海水又苦又咸，但是结冰的海水融化后，产生的水却是淡的。海水在结冰时，海水中的纯水从海水中分离出来，把海水中的绝大多数盐类排斥在外，于是，冰块就变淡了，所以冰块融化后的水是淡的。人们从海水结冰能排除其他成分的现象得到启示，用冷凝的方法进行海水淡化，供海上航行时饮用。生活在北极的爱斯基摩人有时就是靠这种办法，从海水里提取淡水作为饮用水的。

玻璃并非不能被水溶解

　　我们日常用的水杯，有许多是用玻璃制成的。如果有人告诉你水可以溶解玻璃，你一定不相信了，但这是真的。按科学的精确计算眼光来看，玻璃是可以和水等溶液发生反应的，会被水溶解，只不过因为这种反应、溶解程度太弱，我们平时生活中难以觉察得到。玻璃的主要成分是硅酸盐，其中还有氧化钠等氧化物，而氧化钠很容易溶解于水。由于玻璃中的氧化钠和石英结合得非常紧，所以减慢了这种溶解，人眼很难察觉到。

润滑剂不仅仅是固体或液体

一般情况下，用来制作润滑剂的都是石墨、润滑油之类，它们都是固体或液体。但润滑剂家族中，还有一位价廉但神通广大的成员——空气。科学家发现，由于空气阻力比水小，因此在空气中奔跑的速度，要比在水中奔跑的速度快得多。利用空气这种特性，专家们利用特制工具在船的身上形成一层空气润滑膜，就像给船穿上一层空气服，果真使船在水中的行驶阻力小多了。现在，空气润滑技术已逐渐地被用到气滑海船、气滑艇与气滑舰等高速舰艇上。

除草剂也会危害庄稼

在人们印象中，农业用来去除杂草的除草剂只会除杂草，不会损害庄稼。其实，这种看法是片面的。在除草剂中，有一大类是没有选择性的灭生性除草剂，它见草就杀，而不管是庄稼还是草。还有一些除草剂，虽然具有杀草不伤庄稼的选择性，但不是什么草都可以除。因此，在用除草剂除草时，一定要按各类除草剂各自的除草特性来严格执行。同时，从保护环境的角度来看，也要尽量少用除草剂。

纯酒精不能杀菌

酒精可以用来杀菌消毒。但酒精不是越纯杀菌力就越强，因为纯酒精（纯度达99.5%）不能杀菌。酒精的学名叫"乙醇"，普通酒精都含有一定水分，含有水分的酒精具有很大的渗透能力，能够钻到细菌体内，杀死细菌。在医院里所用的消毒酒精，大约含有75%的乙醇。而纯酒精因为浓度大，会在细菌表面形成一层硬膜，这层硬膜不但不能杀灭细菌，还成了保护细菌的保护伞。

烧碱与纯碱不是一回事

纯碱和烧碱有如一对孪生兄弟，都是碱性很强的东西，都是白色的固体。其实，纯碱大名叫碳酸钠，烧碱大名叫氢氧化钠，根本不是一回事儿。纯碱是极为重要的工业原料，它大量地被用来制造玻璃、肥皂、纸张、纺织品和化工产品。在工厂里，人们用食盐、煤、石灰石、空气等来制造纯碱。烧碱是最强的碱之一，具有很强的腐蚀性，它滴在手上，会烧伤皮肤。

血液不再只是红色的

鲜红的血液，日夜不停地在人体内奔流，为我们身体输送所需要的营养和氧气，又把身体里的二氧化碳等废物送出体外。没有它，人就会死亡。但是，第一代人造血浆却是白色的，这是一种对人体无害又和血液能混合的氟碳化合物。同时，在动物中，除高等动物以外，血液是红颜色的也并不多见。一般动物特别是低等动物，它们的血液都不带颜色，呈透明状态。

干冰不是冰

干冰不是冰，它是二氧化碳的固体，不含任何水分，因而它不能算是雪花，也就不是冰了。魔术师手中的钢瓶里面，装的是压缩成液态的二氧化碳。当魔术师把钢瓶的阀门打开后，钢瓶内的压力突然降低，二氧化碳液体就会气化。由于液体气化时需要吸收大量的热，使周围温度骤然降低，一部分二氧化碳气体就冷凝成固体，它的外观和雪一模一样，也是雪白的，所以很多人误认为它就是雪花。

水晶并非生在水里

水晶因像纯净的水一样透明亮洁而得名。有的人以为水晶是生在水里的，许多神话故事也把龙王在海底居住的宫殿称为"水晶宫"。实际上，天然水晶不是生在水里，而是生于山上的岩洞中。水晶晶体是在岩石空洞中长出来的。水晶在成长过程中，一定要有足够的空间，同时必须以洞壁为依托，因此人们所见到的天然水晶晶体往往是上半截长得很好，而下半截的晶体却不完整。

味精调味不简单

很多人觉得味精放得越多，菜的味越鲜，还有的人喜欢在高温油锅里撒上味精，然后再炒菜，认为这样才进味。其实这是不对的。味精并不是放得越多就越好，放得过多，会产生一种特殊味道，恰恰适得其反。味精也受不了高热，加热温度过高，它里面的成分就会发生变化，使味精不但没有鲜味，而且有毒。因此，我们平时炒菜放味精时要适量，也不要太早下锅。

一支笔不能混用两种墨水

如果你想要手中的钢笔好使，最好不要一支笔混用两种墨水。因为普通用的墨水都是用有机染料配成的胶体溶液。原料不同，胶体颗粒所带的电荷性质就不一样，有的带正电荷，有的带负电荷。当两种原料不同的墨水混在一起时，就出问题了。墨水中的胶体颗粒相互吸引，生成许多大颗粒，堵住钢笔的水路，让钢笔不出水。所以，当一瓶墨水用完了需要更换别的墨水时，就必须先用清水洗净钢笔。平时也要定期清洗钢笔。

棉花可以变炸药

棉花，人们再熟悉不过了。它的主要用途是纺线织布。它的样子白白的，软软的，如果说它与炸药有关系，谁也不相信。但是，棉花是真的可以变成炸药。棉花几乎是纯净的纤维素，与麦芽糖、淀粉这些物质是"亲姐妹"——都属于碳水化合物。棉花容易燃烧，燃烧时却不发生爆炸。但如果把棉花与浓硝酸和浓硫酸的混合液作用后，就制成了炸药，这种炸药的俗名叫"火棉"。

烫金大字并非是用黄金做成的

我们平时所见到的烫金大字，除了极少数精装书的封面上的书名是用真金箔烫印的以外，大部分都是用"假金子"——铜锌合金烫印的。铜与锌做成的铜锌合金是金黄色的，跟黄灿灿的黄金非常相像，但比黄金便宜得多，所以烫金大字多用这种合金制作。当然，假金子毕竟是假的，在空气中放久了，会被氧气氧化而变得晦暗起来。为了防止这种情况，人们就常在这种合金的细粉里加入硬脂酸防止氧化，保留铜锌合金的光泽。

金属矿产不全是固态

一般人认为，金属和非金属矿产，冷冰冰的都像坚硬的石头。实际上，并不完全如此。有的金属和非金属矿产不是固态，而是呈液体状态。如汞是液体金属矿产，溴是液体非金属矿产。溴是唯一在常温下呈液态的非金属，它像深红色的水，很容易发挥成气体，能让人不断流眼泪，所以它被用来生产催泪弹。

尿不是废物

尿是人体的一种排泄物，自然被当作无用的废物。尿果真是废物吗？其实不然。医生通过对尿液的检查，可以诊断数十种疾病。公安刑侦部门的法医通过对死者尿液的分析，可以确定死者是自杀还是他杀，服用的是什么毒物。尿是农民喜爱的种田肥料。但更重要的是，人尿中可以提取宝贵的医用药物。孕妇的尿中含有一种人类绒毛膜促进激素，它的价值比黄金还要贵上10倍。男人的尿液中可以用来提炼尿激酶，这种药物是治疗脑血栓的特效药。

小心空气也会杀人

二氧化碳在空气中大约占万分之三（按体积计算），是一种无声无味的气体。因为它在空气中含量小，所以对人的影响不大。但是，如果二氧化碳在空气中的含量增加到10%，就能使人失去知觉，并在半小时内因呼吸停止而丧失生命；如果增加到20%，能让人几分钟内呼吸停止。像农村里的一些菜窖，因为不通风，所以那里面的二氧化碳往往会越积越多，人进去后会感到头晕、气闷甚至让人死亡。

大苏打与小苏打不是一回事

我们平时喝的汽水里，会冒出大量的小气泡——二氧化碳，它们就是用小苏打等东西制成的。小苏打的大名叫碳酸氢钠，我们常吃的饼干也会用到它。而大苏打是硫代硫酸钠的俗名，又叫海波。大苏打在分析化学上是著名的还原剂。照相馆在冲洗照片时，往往会用到大苏打。所以，别看大苏打与小苏打名字差不多，但它们并不是一回事。

香水和花露水并非无区别

香水和花露水都是日常生活中经常用到的化妆品，尽管都含有酒精、香精和水，但它们是不同的。花露水是一种夏季卫生用品，它具有一定的消毒杀菌效能，能止痒消肿。香水是化妆品，没有消毒杀菌功效，它含水分较少，高级香水里的香精，一般是用天然花和果的芳香油以及动物香料等配制。

玻璃钢不是钢

玻璃钢不是钢,它是塑料和玻璃"合作"一起生产出来的产品,用专业术语来讲,叫"增强塑料"。玻璃纤维是它的"骨头",塑料就是它的"肉"。撑竿运动员手中所用的杆就是用玻璃钢做成的。

0 不仅仅是表示没有

对小学生来说,0 表示没有,这是正确的。可对中学生来说,0 又可以表示起始。当我们开始接触电脑知识时,0 就更神通广大,它代表许多东西,组成许多新的角色,不再表示没有了。又比如,在我们日常生活中,气温如果是 0℃,那是不是表示没有温度呢?当然不是。0 真是一个奇妙的数字!

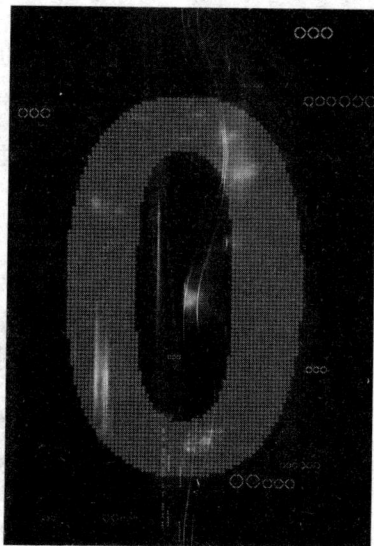

"＋" 不仅仅是加号

我们从小就用到加法符号"＋"，但是，"＋"不仅仅是加法符号！在计算机中，有一种使用最广泛的语言——BASIC 语言，利用它编写程序，可以让计算机来解决很多复杂的问题。在这种语言中，"＋"不再表示加号，而是字符串连接符。它此时所起的作用，就好比是那用来串起羊肉串的细铁丝。

物体有时也会不点自燃

稻草堆、煤堆有时好端端的会自己燃烧起来。有人把这火叫"天火"。在一般情况下，稻草、煤是不会自己燃烧的。但在某些情况下，却会自己燃烧起来。当我们把手伸进稻草堆里，常会感到里头很热。原来，稻草、煤这些东西会在空气中发生氧化反应，放出一些热量来。热量散发不出来的时候，就会越积越多，温度越来越高，当温度达到一定程度，稻草、煤就会自动燃烧起来。

未煮熟的豆浆不能喝

豆浆含有丰富的蛋白质和钙、铁等元素，是非常有营养的，小朋友应当多喝。但未煮熟的豆浆确实有毒。原来，没有煮熟的豆浆中合有皂素等有毒物质，人喝了未煮熟的豆浆，就会发生食物中毒。所以，我们平常一定要把豆浆煮沸了才能喝。

并非所有的孩子都能打预防针

有一些孩子应在下列条件下，暂时避免打预防针：正在患感冒或因各种疾病引起发热的；患传染病后正处于恢复期或有急性传染病接触史而又未过检疫期的；有哮喘、湿疹、荨麻疹及过敏性体质的；患急、慢性肾脏病变、活动性肺结核、严重的心脏病、化脓性皮肤病和化脓性中耳炎的，等等。

乳牙龋坏后并非不需要治疗

乳牙龋坏后如不及时治疗，不但影响儿童口腔局部健康，而且影响儿童全身的健康。比如会患牙尖周炎，造成消化功能受损，严重的还会导致顽固性荨麻疹、风湿热、肾炎牙等。另外，牙痛会迫使小孩偏侧咀嚼，时间长了就会造成面部发育不对称，影响美观。

无脂食品不是肥胖的克星

以少吃脂肪高的食品来控制体重和减轻体重是明智的，但少吃脂肪高的食品并不等于人体内不会储存脂肪，如果来自于食物的热量过多，体重自然就会增加。因此，想避免身体超重，就必须合理安排饮食，适当控制食物热量的摄入，切不可相信吃无脂食品不会使人发胖的说法。

食物吃得太精没好处

　　人需要吃"五谷杂粮"，如果过分偏食，吃一些精致食品，常常使营养成分单调，破坏了人体营养的平衡，可能增加肥胖症的发病率，从而增加高血压、动脉硬化、冠心病和糖尿病的发病机会，还可能引起维素 B 和维生素 C 的缺乏，其后果是不容乐观的。

感冒了就别锻炼

　　有人认为感冒后加强锻炼，会减轻感冒症状，其实是不对的，感冒后盲目锻炼，可能会导致体内调节功能失调，削弱病人的抵抗力，加重心、肺系统的负担等负面影响。感冒患者应在医生的指导下服药、休息，等感冒痊愈后过一段时间再去锻炼，以增强对疾病的抵抗力。

人老不一定会掉牙

老年人掉牙的真正原因多半是牙周病，牙周病是危及人们健康最严重的慢性病之一。菌斑和牙石是牙周组织病的两大"凶手"。菌斑可以通过自我口腔保健方法（如刷牙和用牙线在牙缝内清洁）清除，牙石则必须通过洗牙祛除。那种人老了就一定掉牙的说法是不科学的。

口服液不能喝出"神童"来

不对。人的智力与先天、后天的营养和教育有密切的关系，孕妇的营养影响孩子先天的智力发育；合理的营养是保证大脑良好功能的物质基础；良好的教育是孩子智力成长的重要推动因素。所谓的"神童"，来自于多方面对孩子智力培养的投入，所以营养液并不能喝出"神童"来。

白蛋白不是营养品

如果单纯从营养的角度来看，白蛋白的营养价值并不高，若应用不当，弊多利少。白蛋白输入人体分解后，重新合成蛋白质的再利用率相当低，并且反而会促进自身蛋白质的分解，减少人体内原有的蛋白质。因此，把白蛋白制剂当作营养品来使用是不合理的。

食物纤维并非可有可无

食物纤维是人体必需的营养素之一，其不易消化的"特点"，帮助人们带走了体内大量的有害物质，对预防肥胖病、大肠癌、糖尿病、高血脂等病症起着不可估量的作用，被称为"第七营养素"，并非可有可无。

被毒蛇咬伤后不要奔跑

如果不慎被毒蛇咬伤，不要害怕，要保持镇静，进行自救。切记不可惊慌、奔跑，以免加速体内毒液的吸收和扩张。

CT 并非万能

CT 是利用计算机横断扫描成像，经处理后获得人体内部异常改变的图像的一种医学手段。它只是现代影像学检查手段的一种，其应用是有限度的，不是人体的任何部位、任何疾病都能用它"照"出来，比如食道、胃、小肠、大肠等管道组织就不宜用 CT 来检查。

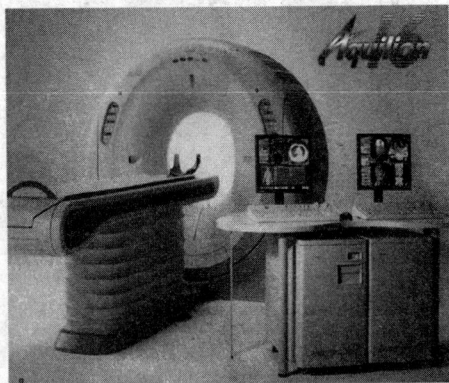

不要因噎废食

人体是一个有机的整体，正常情况下，人体细胞具有调整平衡胆固醇的功能。当血液中胆固醇含量过高时，细胞上"胆固醇受体"能捕捉和吸收血液中胆固醇，使人体胆固醇含量维持在安全水平上。所以没有必要因为害怕胆固醇而放弃营养丰富的食品，在生活中适当控制就可以了。

急症并非到医院才能开始有效急救

急速地把病人送往医院抢救，是老的急救观念。现代的急救观念分为人们的自救互救、救护车到达现场急救、医院急诊室抢救三个阶段，缺少任何一个环节都会危及病人的生命，影响急救的效果。所以，我们平时要多掌握一些急救知识，在把病人送往医院急救的同时，可以先开始自救互救。

不要用手揉掉进眼里的异物

　　如果异物掉进眼结膜里，用手揉，可能会擦伤角膜，同时手上的细菌和病毒在揉眼时可带入眼内，引起擦破的角膜上皮发炎，直接影响视力。所以，最好不要用手揉眼睛。

不吃饭减体重不可取

　　通过不吃饭来减体重，对人体是有害的，特别是对正在长身体的少年儿童，其损害尤为严重。所以这种减肥方法千万要不得。

人体不能缺少微量元素

虽然人体内的微量元素含量非常少，以至于被称为"微量"，但可不能小看了它们。如果人体缺乏或没有这些微量元素，那么，人将会患各种疾病。它们的存在能保证人体内一些复杂而难以实现的化学反应顺利进行，提高了人体抗病抵抗力。

测血压不需要"男左女右"

人体内的血压，就像是自来水管内的水对水管的压力一样，是不存在性别差异的，所以测血压时不需要男左女右。

牛奶不能当水喝

其实，这种做法不对。水对人体是非常重要的，人每天必须从饮食包括喝水中得到水的补充，才能保持体内水的需求与平衡，牛奶含有大量水分，但它不能代替水。如果只喝牛奶不喝水，在人出汗、失水过多时，会容易导致脱水。

不可滥用抗生素

消炎药含有抗生素，任何抗生素都有毒副作用，特别是长期大量用药时，不仅杀死了致病的细菌，也杀死了正常的菌群，使人的抵抗能力下降。许多抗生素还会引起致命的过敏反应，如果使用时没有对症下药，危害十分严重。因此，千万别乱用抗生素。

胡子多不是多毛症

多毛症是指粗毛过分增多，或生长毛的部位长出粗长的黑毛，而有的成年男子胡子很黑，有的长着络腮胡子或胸口上长一些黑毛，都属于正常现象，不是多毛症。

不要单侧嚼食

单侧嚼食是一种不良的口腔习惯，会造成双侧面部不对称，一边脸大，一边脸小。长期单侧咀嚼还会导致张口困难，或在闭口时发出咯咯的响声。医学上称之为"下颌关节紊乱综合症"。

流行性感冒不等于普通感冒

普通感冒也称感冒、伤风、受凉，它是一种最常见的呼吸道疾病。流行性感冒也称流感，是由流感病毒引起的。与普通感冒相比，流感来势凶猛，发展迅速，传染性极高。所以两种感冒不是一回事。

水喝多了常上厕所不是病

尿是人体的代谢产物，它能排泄其中大部分人体所不需要的废物，排除人体内的毒素，多喝水，自然就会多排尿，这是正常生理反应，并不是病。人每天都要喝几杯水才能满足身体对水的需要，一天不喝一杯水是个不好的习惯，会对身体造成损害。

不可忽视青霉素过敏试验

青霉素的副作用很小，但有少数人对青霉素过敏。青霉素的过敏反应是很吓人的，呈闪电式地发作，抢救不及时，容易引起死亡。作青霉素过敏实验的目的，就是要预先知道病人对青霉素过不过敏。所以，病人在注射青霉素之前，一定要作皮肤过敏实验。

不可过度抑酸

韩欣奶奶的说法不对。抑酸治疗是治疗胃溃疡最有效、最传统的方法。但是，如果过度减少胃酸，就会抑制人体正常的胃酸分泌功能，节律被打乱，使得上消化道等处的病原微生物过度生长，会引发许多的细菌感染，这对某些体质虚弱者是非常不利的。所以在进行抑酸治疗时，切忌过度抑制胃里的酸生成。

健康人并非不该去医院

日常生活中不少人觉得身体很健康，不需要去医院，可是有时候这种主观感觉也会蒙蔽人，因为有许多病，在初期乃至中期，自觉症状轻微，没有什么特别的不适，即使有点不舒服，根本就不在意，到后来可能就发展成大病。所以，适当定期地到医院体检是有必要的。

正确服药并非人人都会

不完全对。服药看似简单，实则不然。特别是服药时间。如口服药一天三次不要以次数来定，而应以时间间隔来定。只有这样，才能减少浪费，提高疗效。有的病人吃药喜欢干吞，这样做是不对的，服药要用温开水送服，服后也要适量饮开水。此外，服药前后不要饮用浓茶、咖啡、牛奶、酒等，它们会降低和影响药物浓度，影响最佳疗效的发挥。

头外伤不等于脑外伤

脑外伤是指颅内组织如血管、神经及脑组织等受到损伤，受伤后多有不同程度的昏迷，CT 及脑电图等检查也多能发现异常。头外伤仅仅指头部的头皮及其血管、神经受到损伤，其颅内组织并无明显的损害，属轻伤。不过，头外伤如果严重，也有可能引发脑外伤。

儿童顽皮不一定是多动症

儿童顽皮与多动症相比，有这样一些特征：好动有一定原因，对喜欢的事能专心做；能暂时约束自己；作双手快速翻转轮换动作时，表现得灵活自如等，而多动症儿童则具有与以上特征相反的一些特征。那种一见到顽皮就说是多动症的说法是不正确的。

摘除白内障不必等成熟

白内障是引起失明的主要眼病，除了老人易得这种痛，有一些儿童也会患上此病。传统观点认为需要等到白内障基本成熟、视力不能辨认眼前手指时方能进行白内障手术。近年来采用了先进的超声乳化技术摘除白内障，手术更为精确、安全、损伤小，病人不必住院，在门诊仅半小时左右就可完成。

久病未必成良医

疾病诊断是一个复杂的过程，医生往往需要在认真分析临床资料（包括病人病史、体检、生化检查和机械检查），加强动态观察等环节下才能作出正确的判断。因此，即使久病者，他们自己对其所患的疾病的认识毕竟还是片面的，存在着一定的局限性和狭隘性，更别说给其他人看病了。所以仅凭经验，未必能成良医。

看牙不当易得传染病

病人在接受口腔疾患的各种诊断和治疗过程中，很容易形成交叉感染。传染病通过口腔内医疗操作进行传播。这些传染疾病的"凶手"包括大量病原性细菌，还有其他病原体，如病毒、真菌甚至原虫。所以，在进行治牙操作时，需要进行严格的消毒。看牙最好是到那些消毒条件较好、管理规范的大医院去看。

过节不要大吃特吃

现在的生活变好了，过年过节的时候免不了聚餐，由此而带来的消化道疾病也增多了。消化道黏膜的完整是保证消化系统功能和人体健康的前提条件。暴饮暴食带来了不同程度的消化道黏膜受损，导致如腹痛、腹泻、恶心、呕吐等症状的出现，所以不可突然大吃特吃。

吃冷饮不要无节制

夏天，冷饮吃得太多，不仅会冲淡胃酸，而且大量的碳酸气还会对消化道黏膜产生不良刺激，甚至引起胃肠病。寒冷长期刺激肠胃，也会引发胆囊炎、胆石症等病症。所以，在炎热的夏季，小朋友不可不加节制地大吃冷饮。

不要迷信"特效药"

得了病的人，总希望能用上立竿见影的"特效药"，让自己的病早日康复。某些药商正是利用了病人的这种心理，将各种有着不同副作用的"特效药"通过各种促销手段不断流入病人手中。所以，对这些"特效药"，千万不要轻信和盲从，以免给身体造成伤害。

用头顶球不会得脑震荡

从人的头颅骨构造和运动生理来说，当一个力量大、速度快的足球从远处飞速而来，人体高高跃起用前额主动去顶球是不会造成脑震荡的。但是在一个人毫无警觉的状态下，远处飞速而来的足球直接作用于头部，由于身体的肌肉来不及为缓冲进行协调，就有可能造成大脑剧烈的震荡，造成脑震荡，严重的还会使大脑组织受到伤害，导致灾难性的后果。

得了骨质增生不一定会瘫

一般来说，只要骨质增生患者不感到疼痛麻木，就可以顺其自然，不需要任何治疗。但平时要注意劳逸结合，保护骨关节的功能，适当地参加体育锻炼，以改善骨关节的新陈代谢，延迟衰老进程，防止骨刺的加重。极少数特别严重的，可考虑进行外科手术，从而彻底消除骨质增生带来的压迫。那种认为只要得了骨质增生就会瘫痪的看法，是没有科学根据的。

创可贴并非万能

创可贴在生活中应用很广，但并非万能，创可贴主要用于一些小而表浅的伤口，那些大伤口、深伤口不能用创可贴。而且在使用时要注意正确的使用方法。用创可贴前要清洗伤口，否则，会导致伤口化脓感染。其次，要注意观察伤口伤情变化。最后，要认真保护伤口，并随时准备到医院去治疗。

莫拔"虎牙"

"虎牙"原名"犬齿",因被挤压到牙列的外面而被迫改名换姓叫做"虎牙"。犬齿就是上颌的两颗单尖牙。它们牙齿粗壮,牙根深长,牙尖像把锋利的尖刀,能帮助撕裂一些坚韧的食物,而且它们的抗病能力强,不易龋坏。拔掉虎牙后,不但没了这些功能,而且让人的口角和鼻翼往下塌,显得表情呆板,给人以早衰和平瘪的感觉。

不要小看了苍蝇的病菌污染

苍蝇携带了大量的病菌,可它们自身却不会被这些病菌所感染而患上疾病。苍蝇吃了带有多种病菌的食物以后,能在消化道内快速处理,迅速摄取有营养价值的食物,把无用的垃圾、糟粕及病菌很快地排出体外。它有个坏习惯——边吃食物边拉屎,非常令人讨厌。所以我们不可忽视预防它们的细菌传染。

不要把樟脑丸放进少儿衣物中

尽管樟脑丸可以防虫，但近几年来，把樟脑丸放入少儿衣物中所引起的少儿急性溶血、严重贫血等病症在逐年增多。因为樟脑丸会散发出粉末和气味，皮肤薄嫩的少儿会通过呼吸道或皮肤黏膜吸入，导致各种疾病的产生。

空气湿度过大或过小都不好

空气潮湿或干燥的程度，与人体健康关系十分密切，过大或过小都不好。湿度过大时，人就会感到无精打采，萎靡不振，还有可能患上风湿性、类风湿性关节炎等病症。湿度过小时，空气中水分蒸发加快，干燥的空气易夺走人体的水分，使人皮肤干裂，口腔、鼻腔黏膜受到刺激，出现口渴、干咳、声哑、喉痛等症状。

炎症并非都是感染引起的

生活中，很多人认为炎症一定是由于感染引起的，因而盲目使用抗生素，实际上这是人们对炎症狭义的理解。除了最常见的由细菌感染引起的炎症外，因为明显的物理或化学因素刺激，也会产生炎症。另外，人体组织增生或萎缩也会导致人体某些部位发生功能障碍，从而产生炎症。不同的炎症需要不同的药来治理。

进口药不一定适合中国人

进口药多是针对外国人的，中国人与外国人相比，存在种族差异、饮食差异和体质差异。根据药理学的知识，同一种药物对不同种族的人来说，效果和副作用均有差异。这种差异，既有遗传、文化和环境的原因，又有生活和饮食习惯的原因。因此，进口药虽好，却不一定适合中国人，服药时一定要按医生的建议做。

男儿有泪也要流

"有泪不轻弹"对健康不利。眼泪是人类宣泄情绪最直接、最自然的一种方式，它能维持眼球表面的湿润，并起到消毒和杀菌的作用。在经常强忍极度悲伤不流泪的"硬汉"中，溃疡病和肠炎的发病率比其他人高得多，这与悲痛时机体内所产生的毒素未能得到及时排除有关。所以，有泪，请不要强忍。

浮肿并不都是病

身体某处出现短暂的浮肿，并不一定表示有病。浮肿产生的原因有：营养不均、血液循环不畅、其他生理性浮肿等。这些不是因为病而引起的浮肿，一般可通过适度的运动和饮食调节而得到缓解和消除。所以辉辉的妈妈并没有病。

豆腐吃得过多一样有害

豆腐是人们公认的保健佳品，但是也应适量，过多食用豆腐也会危害健康，如使人发生碘缺乏症，阻碍人体对铁的吸收，引起食物蛋白质消化不良，出现腹胀、腹泻等不舒服的情况等。另外，过食豆腐还会导致植物蛋白质摄入过量，加重肾脏的负担，使肾功能减退，不利于身体健康。

心电图正常不等于没有心脏病

心电图是检查心脏病的有效手段，但和任何检查仪器一样，心电图也不可能是诊断心脏病的万能工具。由于心脏病是多种多样的，在病人检查时它不一定处于发作阶段，这个时候心脏病的心电图表现会是相对稳定，显不出病症来。所以说心电图正常并不一定证明心脏没问题。

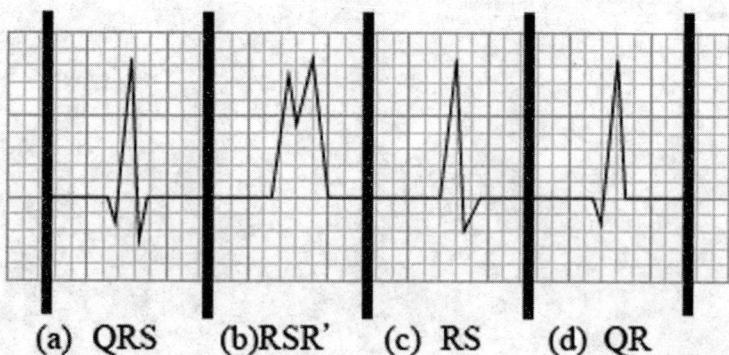

(a) QRS   (b)RSR'   (c) RS   (d) QR

旅行者腹泻并非只是"水土不服"

旅客在旅行途中或居留异地期间发生的腹泻，称之为旅行者腹泻（TD）。过去，一般人认为 TD 是由于"水土不服"引起的，现在，经研究证实，引起 TD 的病因复杂，病原体也很多，如不卫生的饮食、旅行疲劳、气候差异、身体抗病能力降低等，所以不见得只是水土不服。

小腿抽筋不会直接伤害身体

小腿抽筋大多是由于受凉或小腿肌肉负担过重、过度疲劳而引起的。运动前缺少充分准备，小腿肌肉不能适应突如其来的变化，也常常诱发抽筋。小腿抽筋不会直接伤害身体，所以柳芳不需要上医院，但是它扰乱人们的正常活动，造成很多不便。因此，要注意预防。

喝尿治病并不科学

正常情况下，尿液的绝大部分是人体不需要的，是人体的代谢产物，也是排泄物。正常人的尿液含有尿素和微量的钾、钠、钙、氯、磷等物质成分，但这类有益物质，必须经科学方法加工或从其他途径得到。喝尿完全没有必要，甚至还会诱发或生出其他疾病。

不要只吃植物油

只吃植物油，容易使血管脆弱、通透性增加而引起各类出血性疾病。这是因为植物油中的豆油、葵花籽油含有大量饱和脂肪酸，长期食用，会使血液中的胆固醇和血脂升高而诱发一系列心血管疾病。所以，植物油应与动物油搭配着吃，否则对健康不利。

三、别误解了生物常识

光合作用不是绿色叶子的专利

不只是绿色叶子才能进行光合作用，为植物输送营养。生活在海底里的植物——藻类，像褐色的海带、小树枝般的红藻等，它们体内也含有叶绿素。因而当阳光透过海面照射到海底时，它们也能跟陆地上的植物一样，进行光合作用。生长在水中的菱角的合成根，也含有叶绿素，能利用透射进水中的太阳光，进行光合作用。

独木并非不成林

生长在热带地区的榕树，一棵大树就可以长成一片小树林。榕树在幼苗时只有一根树干，长大以后，就会从树枝上长出一条条绳子样悬挂在空中的气生根。这些临空悬挂的气生根逐渐向下延伸，扎进土中，吸取水分和养料，慢慢长粗，似一根根柱子撑住大树的树冠。气生根成支柱，支柱托住树的支干。支干分权又长根，这样循环下去，慢慢就能独木成林了。

花不全是香的

世界上有的花确实不香，甚至臭气熏天呢。在中美洲的森林里，有一种花叫天鹅花。可它跟癞蛤蟆一样脏，大老远就可以闻到它身上浓烈的臭烟草味。花能发出香味，是因为花朵中有着制造花香的工厂——油细胞。而散发臭气的花朵，是因为它们一没有油细胞和芳香油，二没有配糖体。这些花朵没有花香吸引蜜蜂和蝴蝶来传授花粉，就只好与苍蝇等"臭味相投"，让它们帮助传授花粉，来繁殖后代。

无花果并非不开花

其实无花果是开花的，不但年年开，而且一年开两次花呢。当春暖人间的时候，无花果会抽枝发叶，在叶腋间生出花来。在金色的收获季节——秋天，无花果边"收获"春天开花结出的果子，边开始长出新枝条，第二次从叶腋间生出花来。只不过无花果的花像一位害羞的小姑娘，悄悄隐藏在新枝叶腋间，人们看不见它，就认为无花果不开花，还给它取了个名不副实的名字——无花果。

棉花不全是白的

其实世界上除了白棉花，还有红、黄、蓝、绿等多种颜色的棉花。在南美洲的秘鲁国，生长有一种棉花，它能长出白色、米色、褐色、紫色、灰色等五种天然颜色。而随着科学技术的发展，专家们已用人工方法培育出更多颜色的棉花来。前苏联科学家用杂交的方法，已培育出20多种颜色的棉花来，令认为棉花只有白色的人们大跌眼镜。

烟草不全是害

烟草中含有的生物碱尼古丁，如果人体过量吸入，会严重影响人体的健康。但烟草也有它有用的一面。烟草中所含的蛋白质，据专家们测定，1公顷烟叶中可提取3.5吨蛋白质，而1公顷大豆中只能提取0.8吨蛋白质。烟草的蛋白质含量居然比大豆还好，质量更比大豆好。而蛋白质中的氨基酸是人体健康所必不可少的。用烟叶中的蛋白质可以制成精美的点心。烟叶中的柠檬酸、苹果酸等，是制作饮料的好原料。可见，烟草本身有一些对人类有价值的可被利用的方面。

寿命最长的种子不是古莲子

一般植物的种子能存活几年到几十年。据现有的科学结论证实，地球上寿命最长的种子要算羽扇豆的种子。在加拿大的冻土层中，曾发现有着一万多年历史的羽扇豆种子。科研人员做过实验，它们在冻土层中深埋了一万多年后，仍然具有发芽的能力，真不愧是地球种子"寿星王"了。在美国科罗拉多州，有一座大型种子冷藏库，存放着25万种来自世界各地的植物种子，被人们称为"种子银行"。

植物不是哑巴

植物不是哑巴，它们也能发出各种各样的声响来！早在1970年，澳大利亚的科学家们就有所发现。他们测得当玉米干旱"口渴"时，会发出"咔嚓咔嚓"的声响。科学家用特制的仪器测得的植物声音千奇百怪，有的像牛在喘气，有的像是演奏家在吹口哨和笛子。当植物受到外来刺激，如被砍断或者天刮大风时，植物会痛苦或兴奋地大声"叫喊"。目前，有关植物"说话"之谜还在研究之中。

夜来香并非只在夜晚开放

夜来香是一种习惯于白天"睡觉"、晚上开花放出香气的植物，所以人称"夜来香"。但是夜来香并不是只能在夜里才开花散发出香味。科学家证实，夜来香开花放出香气其实与空气的湿度关系更密切，不管是在白天还是在黑夜，只要空气中的湿度大，夜来香就会散发出浓郁的香气来。只不过因为夜晚空气比白天更湿润一些，所以，我们常见夜来香在夜晚开放发出香气。

圣诞花的"花瓣"不是花

圣诞花又叫象牙红或一品红，是一种很美丽的观赏植物。圣诞花本身有花，但它很小，它的雌花和雄花都没有花瓣，生长在一个称为杯状体的绿色总苞内，旁边有个大型的黄色腺体，这些杯状体合成聚伞花序，形成了被人们误认的"花芯"。因此，它那红红的像叶子一样的"花瓣"，其实不是它的花，而是排列在聚伞花序下的由较窄的叶子变成的苞片。

马蹄莲花不是花

马蹄莲花不是花，它实际上是马蹄莲的苞片（包着花骨朵的小叶片）。马蹄莲花属于天南星科植物。在通常被人们误认为是黄色花芯的肉质小柱子上，有一些极小的肉穗状花序。花序的下部排列着雌花，上部为雄花，包围在肉穗状花序外面的，是一个漏斗状的白色大苞片，称为佛焰苞。由于马蹄莲花的佛焰苞比较大，色彩鲜明，又包围在肉穗状花序外面，很像是一朵花，而它真正的花却非常小，因此人误把它的苞片当作花瓣。

不要把仙人掌的茎当成叶

其实，仙人掌那刺人的小毛刺才是它的叶子，或者说，它的叶子已经退化成刺了。而绿色的扁片是仙人掌的茎，它由茎来代替叶子进行光合作用，这可是仙人掌对付干旱的一大绝招。

植物并非不会吃荤

绝大多数的植物靠自己制造食物来养活自己，但也有个别的植物靠吃昆虫长大。美洲有一种猪笼草，它的叶子像个笼子，笼子里能散发出一股臭味，来吸引昆虫飞入。然后把笼口关住，让昆虫慢慢被溶化成自己所需的养分。地球上现在已知的食虫植物大约有 500 种。它们之所以靠吃虫为生，主要是它们光合作用制造出的养料远不能自给，只好慢慢演化出奇妙的捕虫器，靠捕食小虫来弥补养分的不足。

海羊齿不是植物

海羊齿不是花，甚至也不是植物，而是动物。只是因为它外貌长得像陆地上的羊齿植物，才有了这么一个名字。它是海生棘皮动物，通常长有 10 只腕，腕上长着一些像羽毛的蔓枝。它们漂泊不定，随着水流流动，碰到合适的地方，就轻舒蔓枝攀上去暂时居住下来。然后，依靠蔓枝中分泌出来的黏液，把海水中微小的浮游生物捉住吞掉，以此谋生。海洋中这些动物长得像植物，是为了生存的需要，也是它适应环境的一种表现。

扬子鳄不伤人

扬子鳄其实从不伤人，甚至很"温柔"。世界现存的鳄共有21种，分属三科：鳄科如非洲鳄、美洲鳄；细吻鳄科如印度恒河鳄；短吻鳄科如我国扬子鳄。这21种鳄中，只有两种是"吃人不眨眼"的食人鳄，即湾鳄和尼罗鳄。中国产的扬子鳄是世界上现存的最稀有的鳄类，它几乎是体型最小的一种鳄，也是性格最温柔的一种鳄，目前数量稀少，是我国珍贵的保护动物。

蚜虫家族不全是害虫

蚜虫个子小，但生育繁殖能力特别快，一年可达几十代，而且是有名的"大饭桶"。绝大多数的蚜虫都以吃庄稼的汁液为生，因此它们是农业中的害虫。一只蚜虫一昼夜吸取的植物汁液，是它体重的8~14倍。但是这个臭名远扬的家族里的五倍子蚜虫却是益虫。它是寄生在盐肤木等植物上形成的一种虫瘿，却不会危害庄稼，而且体内含大量的单宁酸，这是一种重要的化工原料。它也是一种中药，可以治肺虚久咳、多汗、便血、溃疡等病症。

最大的蛇不是大蟒蛇

其实李雨蒙的妈妈回答得并不对，或者说并不确切。世界上最大的蛇确实都属于蟒蛇科，但这个家族中有六七十种蟒，而称得上是大蟒的，至少有六种。因此，单说大蟒蛇是最大的蛇还不确切。在这六种大蟒蛇中，有两种属于科学界公认的世界上最长、最大的蛇，它们是产于东南亚热带森林中的网蟒和产于南美森林水域中的水蟒。这两种蛇一般长度可以达到 10 米。

大蚌不一定会长出大珍珠

像蚌这样能产珍珠的贝类很多，大约有 30 种。当寄生虫或沙粒钻进这些贝类的贝壳内时，为了防护，贝类的外套膜就会加速分泌珍珠质，将它包住，这样，时间长了就形成了珍珠。并不是大蚌就一定会长出大珍珠来。如果没有寄生虫或外物侵入蚌的体内，再大的蚌也不会长出珍珠来，更别说是大珍珠了。

蝉并非被吓得屁滚尿流

逮过蝉的人都知道，蝉在夺路而逃时，总是吓得"屁滚尿滚"，就地撒上一泡"尿"。其实，蝉撒掉的并不是尿，而是被它排掉的汁液。蝉每天唱着单调的"知了"歌，靠吸很多的树叶汁为生，来维持自己的体力。平时，蝉把吸来的多余的汁液存放在一个"袋子"里，当它受到惊扰要逃跑时，为了保护自己，飞得更快，它便及时排掉袋里的汁液，来逃避敌害。

蜉蝣并非朝生暮死

成年蜉蝣的寿命确实很短，早晨由幼虫变成的蜉蝣成虫，只不过活了一天就会死去，而黄昏时才变出来的成虫，也仅仅生活几个小时就会死亡。因此，人们用"朝生暮死"来形容蜉蝣的生命。不过，蜉蝣的成虫寿命虽短，但它的幼虫期在水里却要生活很久，一般要经一两年甚至三四年才能变成蜉蝣飞出水面，这样算来，蜉蝣一生的寿命就不短了。即使只算成虫期，蜉蝣也并不全是"朝生暮死"，不同种的成虫蜉蝣寿命长短也不同，有的可活一星期到十来天呢。

蜘蛛不是昆虫

昆虫是生物界中最庞大的一纲。目前，全世界已知的生物中，昆虫就占了其中的 2/3 以上，大约有 100 万种之多。我们平时看到的苍蝇、蚊子、蜜蜂等都是昆虫，但蜘蛛不是昆虫。昆虫一般有一些共同的特征：身体分节，形成头、胸、腹三部分；头上有一对触角和一对又圆又大的复眼；胸部通常有两对翅膀和三对足。而蜘蛛完全不具备这些特征。

"美人鱼"不是鱼

美人鱼实际上叫儒艮，是一种海兽，是海牛中的一种，而不是鱼。美人鱼其实并不美，它长相丑陋，名不副实。瞧，它长着一个灰白的纺锤形身子，脑袋光秃秃的，嘴巴朝下开，上嘴唇厚厚的，全身还长着一些稀拉拉的硬毛，真是个"丑八怪！"

世上最大的动物不是恐龙

　　世界上最大的动物既不是大象，也不是曾经称霸地球的恐龙。科学家告诉我们，地球上最大的动物，不管是现在，还是在过去，是生活在海洋中的鲸。在众多种类的鲸鱼中，有一种鲸名叫蓝鲸，最大的体长有 34 米，光它的舌头就重达 3 吨。如果把它的肠子拉直，足有半里路长。不过，这种世上最大的动物，对人却十分友善，从不以大压小去进攻人类，而是以吃小鱼小虾为生。

鲨鱼并非都吃人

　　世上的鲨鱼有几百种，但真正对人产生威胁的鲨鱼不到十种。在这不到十种的鲨鱼中，最危险的、真正能叫吃人鲨的，只有两种：一种就是有名的大白鲨，另一种就是老虎鲨，它们都拥有相当多的吃人纪录。

活蚯蚓不能直接喂家禽

蚯蚓俗称"地龙"，它不仅是土壤"营养师"，还是一种优质饲料。在农村，人们习惯于把活蚯蚓用来喂鸡鸭等家禽，但这种喂法是不对的。因为生蚯蚓是气管交合线虫病等虫病的传播者，这种虫病会让家禽发病，严重的可导致死亡。因此，正确的喂法是：先将蚯蚓用水洗净，煮熟，再晾到半干，就可以用来喂养家禽了。

鲨鱼不怕红色

长期以来，人们总以为鲨鱼怕红色，红色的东西可以吓退凶残的鲨鱼。一些有鲨鱼出没的天然海滨浴场，甚至专门出租红色的游泳物品，以此预防鲨鱼对游客的袭击。其实，这是一种错误的做法，因为大多数的鲨鱼视觉并不发达，并不能识别颜色，因此，红色并不能吓退鲨鱼。

蝴蝶的幼虫不是益虫

蜗牛的模样非常惹人怜爱，蝴蝶是大家公认的"美的使者"。这些生物在人们印象中似乎是百分之百对人类有益的。其实它们不是益虫，都是一些专干坏事的"小坏蛋"呢。蜗牛一出生就开始吃植物的嫩芽或者叶子，破坏植物的光合作用器官。长大后，它特别爱吃庄稼地里的菜叶，对农作物的生长危害非常大。蝴蝶的幼虫是菜园和果园里的大敌，它们专吃油菜、萝卜、果树上的叶子。

狐狸不是一种动物

狐狸在人们心目中是一种狡猾的动物，人们提起它时，总爱用"狐狸"一词，而从未把"狐"和"狸"分开过。事实上，狐和狸是两种不同的动物。狐又叫草狐、红狐，它的毛色多样，一般为黄褐、赤褐或灰褐色。狸又叫狗獾，它全身是棕灰色的。狐和狸都属于哺乳动物的食肉目，犬科，身上都有股难闻的臭味。这也许是人们对狐与狸不分的主要原因。人们常说的狐狸，实际上是指"狐"这一种动物。

寒号鸟不是鸟

寒号鸟的正式学名叫橙足鼯鼠，也叫飞鼠，它的种类相当多。寒号鸟叫鸟，其实它不是鸟，在动物分类学上，它是一种哺乳动物。它并不会飞，而只能滑翔。它的身体两侧长着宽大的薄膜，能帮助它作数十米甚至上百米的滑翔。正因为它叫寒号鸟，所以人们常误把它当会飞的鸟。

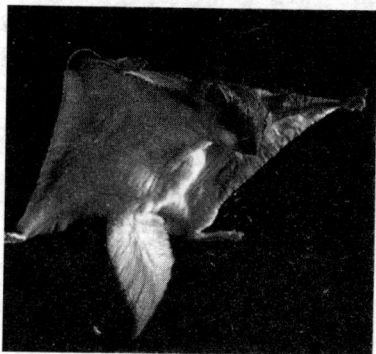

白蚁不是蚂蚁

许多人误以为白蚁是蚂蚁中的一种，是白色的蚂蚁。其实，这是错误的认识，白蚁不是蚂蚁，而是一种会飞的昆虫。现在，白蚁已成为一种公害，如果一个地方一旦发生白蚁害，那后果将是十分严重的。白蚁不但蛀食木材，破坏建筑物，损毁堤坝，甚至还能啃食银子、地下电缆等，给人类造成重大损失。

猴子并非在找虱子吃

研究猴子的专家指出，猴子在大多数的情况下，是在自己同伴身上找小盐粒吃，并非是在找虱子。原来，猴跟人一样，除了需要淀粉、蛋白质等养分外，还需要吃盐等矿物质。特别是一些生活在大自然中的猴子，食物中常缺少盐分，那么盐从哪里来呢？它们找到一个常用办法——从同伴身上找小盐粒吃。猴子排出的汗会在它身上的毛中结晶形成小盐粒。

金鱼并非没有牙齿

金鱼并非没有牙齿，只不过它的牙齿长在了喉咙后面，我们很难看见它们而已。金鱼的牙齿还挺有用呢！当它把食物吃进嘴里时，会先用牙齿咬碎，然后才吞下肚子里去，牙齿在这时起着重要的咀嚼作用。

不用显微镜就可以看见的细胞

在人们的印象中，细胞是小得只能用显微镜放大几十倍甚至上百上千倍后才能看到的结构单位。但是事实上，有的细胞人用肉眼是可以看得见的。细胞既有小的，也有大的。世界上最大的单个细胞可能要数鸵鸟蛋了，它的直径至少有5厘米，是最小的细胞支原体的5万多倍。这样的大细胞，肯定是每个人都能用肉眼看得见的。

马蜂蜇人后不会死

蜜蜂和马蜂都会蜇人，特别是马蜂，它们追击蜇人的威力如同一架小型战斗机。蜜蜂蜇人后就会死去，许多人想当然以为马蜂蜇人后也会死去，其实，马蜂跟蜜蜂不一样，它蜇人后不会死。马蜂的蜇针样子与蜜蜂不一样，它的蜇针尖部光滑，没有倒钩，蜇入人的皮肤后，像护士给人打针一样，可以顺利拔下来，不会被钩在人的皮肤上，因此它可以反复使用。

马蜂不是害虫

马蜂那蜇人的威力，使人误以为它是有害的昆虫。其实，在科学家的眼里，马蜂却是非常有益的昆虫。马蜂以吃昆虫为生，它们特别喜欢吃的昆虫都是一些像菜青虫、棉铃虫和玉米螟这样一类的害虫。据测算，一只马蜂一天可以吃掉十几只害虫。有经验的农民常把马蜂窝移到棉田来，让它们来防治害虫，效果相当不错！即使是马蜂那给人带来痛苦的蜂毒，也同样可以为人类治病呢。

鸳鸯并非是鸟中忠贞伴侣

人们总把鸳鸯当作美好爱情的象征。其实，鸳鸯并非像人们想象那样，是鸟中的忠贞伴侣。它们在生活中那种并肩游荡、双双戏水、和睦相处的现象，事实上是很短暂的，只是在繁殖期才有。当雌鸟一产完卵，雄鸟便变得格外自私，只顾自己在外面找食吃。当一方死去后，另一方不管是雄鸟还是雌鸟，会立刻去挑选新的伴侣，重组家庭。这实在是与它们相守时判若两样。

病毒不是最小的生物

微生物算得上是世界最小的生物群落了，在这个人的肉眼都看不见的大家族里，最小的要算病毒了。它比最小的细菌还要小 100 多倍。但它还算不上是世界上最小的生物。目前已知的最小生物是类病毒，它比最小的病毒还要小 80 倍。类病毒的身体构造非常简单，它连最重要的生命物质蛋白质也没有，只由核酸组成，整个身体的分子量已经非常接近没有生命的有机大分子。

毒蛇不缠人

真正的毒蛇其实很少有缠人致死的，那些缠人的蛇往往不是毒蛇。世界上最毒的几种蛇莫过于眼镜王蛇、眼镜蛇、金环蛇、银环蛇、海蛇等，它们在伤害人的时候，最厉害的武器是它们嘴里的毒牙。只要毒液注入人体一点点，那么这人必死无疑。所以，毒蛇在伤害人时，根本没有必要花费那么多的时间与力气去缠人。

孔雀开屏不是在比美

动物学家认为，花花绿绿的伞和衣服，还有人们的大声喊叫，刺激了孔雀，引起孔雀的警惕、戒备，受到惊吓，它便开屏示威来吓唬对方。所以，孔雀开屏并不是在比美，而是孔雀的一种示威、防御动作。明白了这个道理，我们就不要轻易去打扰孔雀，来强行它开屏了。

"花大姐" 不是害虫

"花大姐"的本名叫瓢虫，只因为它有一双美丽的翅膀，那上面长着红、黄不同的颜色，还夹杂着一些美丽的斑纹，因此得了这个美名。菜农总把花大姐当害虫，说它貌美心坏，专门危害蔬菜。其实，这是一种偏见，是一种不全面的认识。因为花大姐所在的瓢虫家族特别大，家族中的个别成员如十星瓢虫、二十八星瓢虫才是危害蔬菜的害虫。但其他大部分家族成员却是消灭庄稼大敌——蚜虫的高手，因而这个家族功大于过，绝大多数都是益虫。

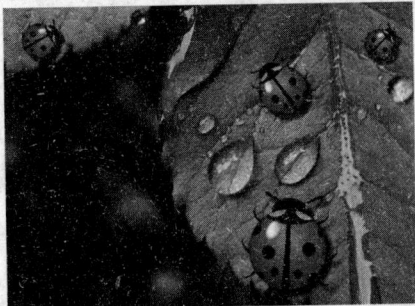

凤尾鱼并非没有爸爸

其实，跟其他一些海鱼一样，凤尾鱼也是有雄鱼的，但因性别不同，个体大小也不同。一般雌鱼因为怀有卵，身体显得胖些，雄鱼比雌鱼瘦些，因此雄雌看起来似乎不同类。而且，凤尾鱼生活在近海里，当地的渔民另外又给雄性凤尾鱼起了一个名字，叫小鲚鱼，更让外地人以为雌雄凤尾鱼是不同的鱼。雄性凤尾鱼因为个小，价值不高，因而我们吃的凤尾鱼中也很少见到雄凤尾鱼。

小鱼并非不能吃大鱼

"大鱼吃小鱼，小鱼吃虾米。"这是自然界生物链运转的正常规律。可是，在动物界鱼类中，有些小鱼却能吃掉大鱼。在南美洲亚马孙河流域，生活着一种令人"谈鱼色变"的凶狠小鱼——小虎鱼，当地人称它为"吃人鱼"。这种鱼身体很小，成年鱼体长不会超过 20 厘米，但它异常凶狠，常常集体作战，在一眨眼工夫，可把一条比它们大得多的大鱼吃得只剩鱼骨头。

植物并非没有胎生的

提起胎生，人们总会想到哺乳动物或者人，但是，世界上也有胎生的植物。生长在我国南海入海口处的红树就是一种胎生植物。像红树这样胎生的植物，还有红树科的其他品种如红茄冬、木榄等植物。

蜻蜓不会吃尾巴

蜻蜓的腹部很长，可以弯转过来，伸到自己腹端的基部，这是雄蜻蜓常作的一个特有动作。有人见了就说："这是蜻蜓在吃自己的尾巴。"其实这不是蜻蜓在吃尾巴，而是在交配前的一个准备动作。在蜻蜓的腹部基部里，有一个交配器官，交配前，雄蜻蜓需要把自己的精子排到这里。排放精子的时候，人们看起来就像是蜻蜓在咬自己的尾巴。

海马与马不是亲戚

海马与马是根本沾不上边的两种动物，在动物分类学上，海马与马分属不同科目，海马属于鱼类。鱼是用鳃呼吸并以鳍游泳的水生脊柱动物。海马尽管长着马一样的头，身体由骨板组成，与我们常见的鱼类差异很大，但它是用鳃呼吸、以鳍游泳的水生脊柱动物，所以也是鱼，不是马。

不在春天产蛋的鸟

春天，万物复苏，许多鸟选择在春天产卵养宝宝。冬天，天气寒冷，许多动物因为找不到食物而开始漫长的冬眠期，生存本身就是一种负担和考验，更别说繁殖下一代了。但世界上就有不畏严寒、"辛勤劳作"的鸟，并且还选择在冬天繁殖下一代。交嘴雀就是这样一种不在春天产卵却在冬天繁殖下一代的鸟。

冬虫夏草不是"双栖明星"

冬虫夏草在冬天是虫，在夏天是草，因此有人说它是动物，也有人认为它是植物，有的人干脆来个折中，把冬虫夏草叫做动植物界的"双栖明星"，认为它既是动物也是植物。其实，科学界早已把冬虫夏草归入到植物一类，认为它是低等植物里的一种菌，一种在冬天吃了虫到夏天长出来的菌。因为尽管冬虫夏草的外壳是一条虫，但它里面却是一种真菌。

世上没有山鹰

我们经常在一些文学作品里读到"山鹰"一词，它用来形容一种翱翔在山野蓝天的猛禽。事实上，这是一种想象出来的鸟，世界上根本就没有什么山鹰。之所以会产生这么大的误会，是因为人们长期以来，习惯把鹰、雕一类的凶猛飞鸟看做是"山鹰"。就好比凤凰，世上根本没有，但人们以野山鸡为模型，画出了凤凰美丽的形象。

海象和企鹅不为邻

企鹅是南极洲特有的居民，海象是北极地区的特产动物，它们一个在地球最南端，一个在地球最北端，是根本不可能成为邻居的。有人认为南极也有海象，是错把象海豹当成北极海象。象海豹与北极的海象不同种，也不同属。海象属海象科，象海豹属于海豹科。

并非只吃素的大熊猫

我们知道，国宝大熊猫平生最爱吃的是竹叶，如果有人说大熊猫也吃肉，可能你不会相信，但这是事实。动物学家认为，大熊猫吃荤并不稀奇。远在古时候，大熊猫就是一种肉食动物，和熊是同一祖先。尽管后来大熊猫改吃竹子了，但它还保留有一些祖辈吃肉的特征。偶尔，大熊猫吃吃荤也很正常。动物园里的饲养员就曾拿羊肉末、羊骨头之类的荤食喂过它，大熊猫也乐意吃呢。

黄鳝并非没有鳞

鱼鳞对鱼来说，具有重要的保护功能，鳞好比一副胄甲，鱼披上去就安全多了。像鲤鱼、草鱼等，我们可以清楚地看到它们的鳞。但我们很难看到黄鳝的鳞，用手摸一摸，也是滑溜溜的，但黄鳝是有鳞的，只不过它的鳞非常细，被黏液裹住，人们一般不易发现罢了。

河蟹的老家不在河里

河蟹是我国的特产，在江河湖泊、塘田溪边，到处都可以见到河蟹的身影。它的名字又与河有关，因此，大家都以为河蟹是一种终身生活在淡水里的动物。其实并不如此，河蟹只是生长在淡水里，它出生和死亡都是在它的老家——大海里。河蟹俗称螃蟹或毛蟹，它们是既喜欢海水又爱淡水的"两栖蟹"。不过，它们在很长的一段成长时期（大约 3 ~ 5 年），是生活在通海的江河、湖塘或水田周围的泥岸洞穴内。

并不横行的和尚蟹

海蟹是个大家族，在这个威风凛凛的家族里，有梭子蟹、和尚蟹等300多位成员。它们大多是横着走路的，但有一位是例外，那就是生活在海河边上的和尚蟹。和尚蟹的头胸甲的背面隆起，并且很光滑，很像和尚头，因而得此雅名。和尚蟹喜欢成群结队生活在一起，排列成阵徘徊在河滩上，或者向前或者退后，但从不像别的蟹那样横着走路。

小白兔的眼球不是红色的

童话故事中，都把小白兔的红眼睛说成是得了红眼病的缘故，这当然不正确。有的说它天生是红色眼球，这也是不对的。原来，兔子身体内含有色素，但白兔子属于不含色素的兔子，所以我们见到它的皮毛是白色的。一般情况下，兔子体内含有什么色素，它的皮毛与眼睛的颜色就是什么颜色，因此，小白兔的眼球本身是无色的，我们所看到的红色，是由兔子眼球内红色血液所反映出来的颜色，并非眼球本身的颜色。

杂交动物不是新动物

吴平的这种说法是不对的，任何杂交动物不是新动物。在动物学家看来，杂交动物没有学术价值。说它们不是新动物，是因为动物的"种"一般是指自然生种，而不是杂交种。像狮虎等这些杂交种，大都不具备生殖能力，不能繁殖后代，所以不能算新动物。

鱼龙和翼龙不是恐龙

在科学的分类里，鱼龙、翼龙都不是恐龙，它们顶多只能算恐龙的亲戚。恐龙是早已灭绝的一种古代动物，它主要分为蜥臀目和鸟臀目两大类，鱼龙和翼龙都不属于这两类。鱼龙是返回海洋生活的爬行动物，它的身体结构、生活习性，都变得跟鱼类差不多。翼龙是唯一能在空中飞翔的爬行动物，外形酷似蝙蝠。

鸡血藤流的不是血

在我国浙江、福建等地，生长着一种常绿木质藤本植物鸡血藤。当你把鸡血藤的茎切断以后，它的木质部立即就会冒出淡红棕色的"血印"来，再过一会儿，鲜红色的汁液会慢慢流出来，当地人都说，这流出来的汁液就是鸡血。其实，这不是什么鸡血，而是植物的一种液汁，它主要含有鞣质、还原性糖和树脂类等物质，跟鸡血的成分完全不一样。

黄鼠狼不是有害动物

黄鼠狼尽管名声不好，但它是对人类有益的动物。黄鼠狼学名叫黄鼬，是一种食肉类小兽。动物学家发现它的食物可真不少，有野鼠、蜈蚣、蝗虫、蛙、鱼、鸟等，其中鼠类占半数以上。这说明黄鼠狼的主要食料是偷吃粮食、破坏庄稼的田间野鼠。这对农民是有帮助的。当然，它偶尔捕捉不到野鼠，也会跑到农舍去偷吃家禽。

公牛不会分辨颜色

可可的妈妈确实说得不对。红色并不能吸引公牛，因为公牛压根儿就不会分辨色彩，它天生就是个色盲。所以，不管斗牛士手拿红布还是其他颜色的布，吸引牛的效果是一样的。西班牙斗牛士之所以选择红斗篷，大概与红色是亮色有利于表演有关。真正吸引公牛并挑起公牛斗志的，是布斗篷在公牛眼里晃来晃去，这种激烈的动作挑逗了公牛。

海绵不是植物

海绵是我们日常生活中离不开的东西，比如我们洗澡时常用的海绵软块、穿在脚上的海绵拖鞋、沙发上的海绵坐垫等，都是用海绵做成的。真正的海绵是从海底打捞上来的，它不是植物，而实际上是海洋动物的骨骼在海洋深底这样一个特定环境中聚集而成的一种物质。

落叶并非是天凉造成的

许多人一直认为，秋天的落叶是气温转凉造成的。其实，这种说法并不准确。秋天树木落叶，实际上与秋天的日照长度减少、秋天气候干燥等因素有关系。秋天相比夏天，日照时间短多了，植物光合作用减弱，为了生存下去，因此植物只好脱叶，减少体内营养消耗。植物叶面在干燥的秋天所蒸发的水分比春夏更多，水分供应就显得紧张，它们只好牺牲叶子来顾全大局。同时，植物落叶与叶片中的激素的变化也有关系，这种变化使秋天的叶子更易脱落。

寄居蟹不是蟹

其实寄居蟹叫寄居虾更恰当一些，因为寄居蟹并不是蟹，而实际上是一种虾。虾属于甲壳纲长尾亚目动物，蟹属甲壳纲短尾亚目，可见虾和蟹是同纲但不同亚目也不同科的两种动物。海边的人们因为长期以来，习惯把它叫寄居蟹，于是将错就错一直叫到现在。

不是鱼的文昌鱼

　　文昌鱼叫鱼但不是鱼，它是一种比鱼类原始得多的脊索动物，是无脊椎动物进化到脊椎动物的过渡种类。目前地球上这类动物现存下来的种类非常稀少，所以这种不起眼的小鱼成了科学家的宠儿，它可以帮助科学家研究鱼类起源等问题。

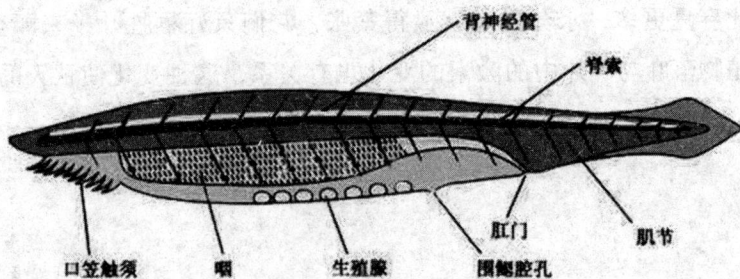

四、别误解了健康卫生

冷水浸鸡蛋不卫生

煮得滚热的鸡蛋骤然浸入到冷水里，蛋壳就猛然收缩，蛋白还处在原有的温度而没有缩小体积，这样蛋白向外用力顶，蛋壳向内收缩，蛋壳非常易碎，就好比人的毛孔全部张开了一样，微生物和细菌随着冷水轻易进入蛋内，在适宜的温度下会很快地大量繁殖，使鸡蛋变坏。

青少年不宜常穿旅游鞋

穿旅游鞋脚容易出汗，脚掌的皮肤长时间受湿热刺激，使皮肤发红或脱皮，并极易产生脚臭，染上脚气、脚癣等病。危害更大的是，由于这类鞋多为平底，使人们在行走活动时，脚对身体的承受力分布不均，从而影响人体重心在脚掌上的平均分布，进而使人体的内脏以及肌肉、韧带、脊柱等受到影响，对青少年的成长非常不利，所以不要常穿旅游鞋。

近视眼镜不要时戴时不戴

研究表明，眼睛近视了，如果不戴眼镜，眼睛在模糊中，会被迫加大调节，长期下去，近视会加重。戴上眼镜，会改变这种不利因素，延缓近视的加剧。如果眼镜时戴时取，那么眼睛会不停地去适应这两种不同的情况，更容易造成眼睛疲劳，加剧眼睛的近视程度。

咖啡不宜多喝

咖啡营养价值高，但如果滥饮，会引起心搏加速，呼吸加快，兴奋过度，长期这样，就会影响人的心脏功能，刺激肠胃黏膜和胃液分泌，容易引起胃病。长期饮用咖啡，还能促使动脉硬化，使血液中的血脂和胆固醇的含量增高，诱发心律不齐。特别是一些有消化道器官疾病，患神经系统、心血管系统疾病的人不宜多喝咖啡。

冰淇淋不是"舶来品"

冰淇淋不是舶来品，它的祖宗就在中国。马可·波罗的《东方见闻录》中写道，早在 3000 年前，中国人就知道把冬天的冰储存起来，以备夏天驱暑消渴。到了宋代，我们的祖先更懂得把冰块跟果汁或奶汁掺和在一起来饮用，这就是早期的冰淇淋。

吃水果不能替代吃蔬菜

由于水果和蔬菜所含的糖类及作用不一样，所以水果不能代替蔬菜。水果中所含的碳水化合物，主要成分是蔗糖、果糖、葡萄糖之类的单糖和双糖，它们只需稍加消化或不需要消化，即可被人体吸收；而大多数蔬菜所含的碳水化合物是淀粉一类的多糖，它们需要经过人体消化道内各种酶水解成单糖后，才能慢慢地消化和吸收。

绿豆芽太长了不好

绿豆芽在发芽过程中，绿豆中的蛋白质会转化成维生素 C 等成分。据测定，100 克绿豆芽中维生素 C 可达 30 毫克。但当豆芽超过 10~15 厘米时，绿豆中的蛋白质、淀粉及脂类等营养物质就会损失 20% 左右，所以，绿豆芽短的比长的要好，营养价值更高些。

酸牛奶不是发酸的牛奶

酸牛奶事实上不是发酸变坏的牛奶，而是新鲜牛奶，它经过杀菌消毒，加入适量的白糖，再接种对人体无害的乳酸菌，经过发酵而制成，具有较高的营养价值。酸牛奶对人体健康非常有益，它不但可以为人体提供乳蛋白，而且能防止腐败菌的繁殖，保证人体消化的正常进行。

刷牙并非没有学问

刷牙很简单，但现在许多人都是采用错误的横刷法，这种横刷法不仅不能够有效地清洁牙间隙，按摩牙龈组织，而且会造成牙龈萎缩，牙根外露，引起牙痛。正确的刷牙方法应该是竖刷法，即刷毛顺着牙缝上下刷。

鱼骨鲠喉不能强咽

如果是被细小的鱼刺或鱼骨鲠住，马上吞咽几个饭团或菜团，有可能解决问题。但倘若是被大的鱼刺或鱼骨鲠住，强咽饭团，便不合适了，这样做，有可能促使原来刺得不深的鱼骨刺向食道深部，戳破了位于食道周围的大血管，严重的有可能导致生命危险。

不要喝泡得过久的茶水

茶叶与咖啡相比，所含咖啡因要多一倍，如果茶叶浸泡时间过长，不仅没有了茶香，茶水也会变浓，茶汁中的咖啡因就会越聚越多，不利于人体健康。正确的饮茶方法是：最好即泡即饮，茶叶泡好后在六分钟内饮用比较合适。

洗澡水不宜太热

科学实验证明：用43℃的热水洗澡，会影响人的健康，引起疲劳。用30℃~40℃的水洗澡，则可以改善血液循环，促进新陈代谢，有降低血压及消除疲劳的良好效果。

常作深呼吸对健康不利

这是因为人的脑、心脏、肾的细胞平均需要空气中7%的二氧化碳和2%的氧。而空气中氧的含量多，二氧化碳少，人在作深呼吸时，吸进的氧气多，二氧化碳少。这样一来，因为二氧化碳的不足，会使体内酸性化合物减少，碱性化合物增加，从而破坏人体正常的新陈代谢作用，长期下去，会对身体不利。

日光灯开关太勤反而浪费电

日光灯正常工作时，灯管两端的电压只有电源电压的一半，而在启动时，需要电源电压的4倍电压才能工作。甚至有的时候在开启日光灯的一瞬间，灯管两端的电压是正常工作时的电压的8倍左右。这样一计算，日光灯开关时所消耗的电相当于正常开着的时候多得多，反复开关日光灯相反得不偿失。

万能胶并非万能

万能胶是指用酚醛树脂或环氧树脂制成的胶粘剂。酚醛树脂的粘合条件要求较高，被粘合物体的表面要干燥，不能有灰尘、油迹、铁锈等脏东西，不能太光滑。环氧树脂不能单独用来粘东西。从万能胶的化学成分来看，它确实不是什么东西都可以粘，对于那些软东西，如橡胶皮革、塑料薄膜等就粘合不好。

不要用装服装的塑料袋装食品

一般情况下，塑料薄膜食品袋都是用聚乙烯制造的，这是一种没有毒性的塑料。但是，外观和聚乙烯塑料食品袋相似的聚乙烯塑料薄膜袋却是有毒的。因为在加工聚乙烯塑料时，由于它的柔韧性不好，需加入有毒的邻苯二甲酸酯类增塑剂，这样一来，用来装服装的聚乙烯塑料薄膜袋就有毒了。

电脑也要防雷击

防雷电专家提醒人们，电脑也应防雷击，尤其是在多雷雨的季节，电脑防雷击十分必要。尽管电脑放置在隐蔽的室内，但雷电会通过网络线或电源插座对电脑造成破坏。同时，电脑对雷电释放的感应电也无抗拒能力，常常因为感应电的破坏，电脑元件会出现不易查找的故障。

飞檐不仅仅是为了好看

古建筑的飞檐除了美化作用外，还有其科学的道理。在古代各种各样的房屋建筑中，木材是运用得较多的材料，为了防止木材腐朽，人们在建筑时将屋檐向外挺出，以更好地保护周围的墙壁不受雨淋。另外，飞檐便于屋顶四面泄水。由此产生的斗拱飞檐，成为我国古代一种庄严美丽的建筑。

用药不慎会导致营养不良

有的药物对胃肠壁上皮细胞有刺激作用，导致胃肠黏膜充血、水肿、糜烂、溃疡及出血，出现缺铁性贫血及维生素 C、叶酸吸收障碍。还有些药物可损害肝细胞，阻碍肝脏代谢、合成和转化等功能，影响营养物质在体内的代谢和利用，产生代谢性营养不良。所以，用药时一定要遵照医生的意见服药。

开刀不用手术刀

"伽马"是一种射线的名称，而"伽马刀"则是利用这种射线取代传统的手术刀，来对病人动手术，是一种先进的外科手术。它采用 CT、磁共振、血管造影等影像技术，对病人颅内的病灶作出准确的定位，再通过电子计算机的模拟处理，将伽马射线高度精确地聚集在病灶上，将病灶摧毁。

吃并不比睡更重要

人熟睡时，身体的一切器官都处在放松、低效状态，既能排泄出白天积累起来的废物，又可降低新陈代谢，养精蓄锐。如果不睡觉，让神经细胞一直保持兴奋状态，那么失去的物质就得不到及时补偿，神经细胞就会过早死亡，人的寿命也就相应缩短，学习效率也不高。睡觉是生命赖以延续的一种生理现象，所以吃并不能代替睡。

电视天线并非架得越高越好

接收电视图像的好坏，主要取决于电视发射信号辐射到接收点电磁场强度的大小，与天线的高度不是绝对成正比关系。电视信号接收的最佳点在与地面垂直的方向上是间隔地出现的。因此，在安装天线之前，应在不同高度、方向调试一下，比较一下接收的效果，选择最佳的位置，再确定天线的高度，而不是架得越高效果就越好。

有腿无轮的车

澳大利亚人真的发明了一种以"腿"代轮的新型汽车。这种汽车有四条机械腿，前腿短，后腿长，可以屈伸，由液压系统控制。汽车前进时，前腿蹲下，后腿一撑，车子就向前跳出一步，前进时很像一只跳跃的大青蛙。它能按照车主的指令迈步走路、跳跃障碍，在崎岖不平的无路地区也能通行无阻。

最早的汽车不烧油

最早最原始的汽车是不烧油的，而是用蒸汽机做动力。1770 年，法国一位工厂制造了用蒸气做动力的蒸汽载重车，载重量 5 吨，车子有 4 个轮子，走得非常慢，每小时只能走 3.5 千米，比走得快的人还走得慢。目前，这辆原始的汽车还陈列在法国巴黎国立工艺博物馆里。

"点石成金" 并非只是空想

人们研究了红宝石的化学成分，发现组成它们的居然是氧化铝。人们于是试着从泥土——铝土矿里提取出纯净的白色氧化铝粉末，把它放在一个特制的炉子里烧，再加入一点点铬，晶莹夺目的人造红宝石真的就制成了。用同样的方法，放上一点点三价铁，就成了黄宝石；放上一点点钴和铯，就变成了蓝宝石。可见，将石头变宝石并非不可能。

人们生活少不了二氧化碳

汽水、啤酒里的二氧化碳会带走人体的很多热量，使人在解渴的同时，也感到清凉。发生火灾时，二氧化碳能把烈火严严实实地盖住，没有了氧气，火一会儿就"闷死"了。二氧化碳还能变成冰粒，用于人工降雨，还可以用来保存肉、蔬菜和水果等。除此之外，二氧化碳还有很多其他的用途。所以，生活中要是没有二氧化碳，那将是一团糟。

水火并非不相容

原来，水是由氢、氧两种原子组成，水一旦遇上了火热的煤，氧立即被火夺走了，结果生成了可以燃烧的一氧化碳与氢气，一氧化碳与氢气再燃烧，所以稍湿的煤投入旺火中，火就更旺了。当然，如果煤太湿，也不好烧。

墨也能治病

有些墨的确是一种药，可以用来治病，比如八宝五胆药墨就是徽墨中一种具有特殊功效的药墨，由狗宝、猩猩胆等多种药材溶墨炼制而成。这种药是治疗流鼻血、呕吐、咽喉肿痛、风热眼痛等病症的良药呢。

用微波炉热饭不会损害健康

微波炉烹饪食物的方式很独特，它不用火，也没有烟，加热的速度特别快，灭菌能力很强。那种认为用微波炉热饭会损害健康的说法并没有科学依据。不过，用微波炉热过的饭菜，营养会有损失。

清晨的空气并不新鲜

　　不对，清晨的空气并不新鲜。这是因为白天地面上的热量散发到离地面以上几百米的空中，形成一个上冷下热的逆温层，逆温层像一个锅倒扣在地面上，这时，工厂排出的废气无法向更高层扩散，只能在近地面的空中漂浮。一天之中，清晨和傍晚温度相对较低，此时逆温层更厚，空气污染就更严重些。

垃圾不是废物

　　垃圾分为可回收和不可回收垃圾。70% 的垃圾是可以再利用的。凡是用金属、玻璃、塑料和纸做的东西，都可以回收后再利用。瓜壳果皮可以做成肥料和饲料。一些垃圾实在不能回收，也能制成砖头，用来铺路。人们还用垃圾来发电呢。所以说垃圾不是废物。

噪音不全是有害的

英国科学家对防噪音技术进行了研究，取得了可喜的成果。他们研究出了"以噪音控制噪音"的新技术。这种新技术利用计算机和传感器，能将模拟声转化为数字信号，并加以分析，产生一个"镜像声"，用其人之道还治其人之身，让噪音来消除噪音。

着装也会影响情绪

心理学家发现，适当地选择穿衣服，的确有改善情绪的特殊功效。称心的衣着可以松弛人的神经，穿在身上会有一种说不出的舒适感，给人自信和舒适的感受。当然，这种方法只能起到辅助的作用，你也不妨一试！

最容易解渴的不是饮料

从营养学观点看，纯净的白开水最容易解渴，因为它进入人体后，可立即发挥新陈代谢功能，调节体温，输送养分以及清洁打扫身体内部的"垃圾"。这些是时下任何饮料都难以与之相匹敌的。科学家们还发现，喝凉开水的人，不容易疲劳，白开水是补充体力的好饮品。

荒唐的建筑不荒唐

几十年来，建筑师和普通老百姓都把有着不规则外形和不对称边缘的建筑，指责为"例外"、"异常现象"，甚至视为"荒唐的建筑"。但是，随着适应 21 世纪生态要求的一门新学科——环境建筑学的兴起，荒唐的建筑不再荒唐，而成为适应人类对居住环境和生态平衡要求的一种新的建筑现象。

一年并非只有 365 天

在 15 亿年前，一年等于 800 多天；在距今 3 亿多年前，地球上的一年等于 400 天；现在，地球上的一年平均为 365 天。天文学家告诉我们，这是因为在整个地质年代中，地球的公转周期变化不大，而自转周期却逐渐变慢了的原因造成的。

血型也能变异

医学研究和实践证明，在某些特殊情况下，血型是可以改变的。所以对患者进行输血前，一定要先验血型。

不用电的家用电器

日本研制成功一种无需电源的新型空调器，它是根据金属氢化物受热释放氢气、受冷吸入氢气的特性研制的。法国一家公司开发出一种不用电的冰箱，其耗能完全通过自然光线供给，既无噪音，又无磨损，还不污染环境。

天热不要猛降温

夏天，当我们感觉到很热时，身体向外散热能力增强，血流量增加，整个身体毛孔张开，此时如果一下子进入空调房，并大量吃冷饮，人体便会反射性地起来防御，给身体造成伤害，严重的还会引起闭汗。冷热急剧的变化，也会抑制身体内胃液的分泌，稀释人的胃酸，从而会使胃肠功能发生紊乱。

不花钱的照明光

随着技术的发展，现在人们越来越不用为照明掏钱了。硅是一种很有用的半导体，以硅为主要原料制成的硅阳光电池，能把太阳光的能量变成电力，储存在电池里。当黑夜来临，人们只需要把日光灯管接上这种蓄电池，就能照明了。科学家还利用荧光技术，把白天太阳光收集存放在一个特制的荧光板里，晚上，这种荧光板就可以发出照明光来。相信在不久的将来，真正不花一分钱的照明光就会出现在我们的身边。

洗衣机洗衣服有讲究

用洗衣机洗衣服不是把所有衣服往洗衣机里一丢了事，而是有很多讲究的。比如：对要洗的衣服进行分类，内外衣、大人小孩的衣服等应当分开来洗。传染病人的衣服不宜与其他人的衣服混洗。为了防止深色衣服掉颜色染坏别的衣服，这类衣服最好是单独洗涤，单独晾晒。

眼见未必为实

专家们发现，在现实生活中，人们的眼睛有时也会"欺骗"自己。最常见的例子是，当我们看太阳时，日出或日落时的太阳似乎总显得比正当空时的太阳要大些。其实，太阳的大小并没有改变。

做做"白日梦"没什么不好

经过多年研究后，科学家们指出，"白日梦"跟梦一样，适当地做一做，对人是有许多好处的。首先，"白日梦"对未来将产生很大的影响，它甚至是人类未来生活的写真录影。其次，"白日梦"有助于人的智力发展，也有助于提高孩子的自我控制力和创造力。当然，上课时最好不要做"白日梦"。

智商不等于智力

不是一回事。专家们认为：智力实际上是一个人适应环境的能力，它包括学习知识的能力，适应社会的能力，与人交往的能力。智商是按统计学方法得出的智力商数，它表示一个人智力高低的情况。因此，智商与智力有一定的关系，但却不等于智力水平。

洗净的鸡蛋反而容易坏

在显微镜底下，我们可以看见鸡蛋蛋壳上，布满了小洞洞。在刚生下的鸡蛋表面，有一层胶状物质堵住了这些小洞洞。这层胶状物能够溶化在水里。当用水洗鸡蛋时，便把它洗掉了。这下子，蛋壳上的小洞洞像打破了玻璃的窗子一样，寒风——细菌长驱直入，鸡蛋很快就坏了。

铅笔不是用铅做成的

各种不同颜色、不同种类的铅笔，没有一种是用铅做成的。黑色铅笔主要是用石墨和粘土制成的。由于石墨和粘土的比例不同，铅笔芯软硬程度也不一样，通常用英文字母和阿拉伯数码字来表示。不过，用嘴咬铅笔可不是个好习惯，得克服！

不可小看的牙齿

在专家们的眼里，牙齿是能够说出一个人整个经历的"履历书"。从牙齿的开朕、大小、多少、缺失和治疗情况，可以判断一个人的种族、年龄、性别、生活和风俗习惯，并能据此推断出一个人的脸型。牙齿同时还具有身份证的作用，法医也常常从牙齿上寻找破案的线索。

颜料并非就是染料

颜料和染料都是"调色大师"，但两者不是一回事，它们的化学成分不同，"脾气"不一样，用途也不一样。颜料大多是些无机物，大部分颜料是不溶于水或油的，多用来画画涂色。而染料在很多方面则恰恰与颜料相反，大多是有机物，同时对于天然纤维和人造纤维有很大的亲近本领，多用来染布。

有些人不适合大笑

孕妇不能大笑，因为大笑能使腹内压力升高，对子宫造成有力的压迫，引起早产或流产。做过腹腔、胸腔、血管和心脏手术，尤其是做过腹腔手术的人，在手术5—7天内千万不要大笑，因为大笑会使病人腹腔内压力骤然升高，从而导致伤口裂开，对健康不利。

神童并不神奇

儿童早期教育学专家断定，世上从来就没有天生的神童。神童之所以"神"，就在于他们的脑神经细胞受遗传基因、教育环境等因素的影响，比一般儿童发育成熟要快些，因而其智力也相对发展较早。如果在这时辅以良好的后天教育，那么，这些儿童就可以在其智力特点范围内，表现出异乎寻常的才能，一个"神童"也就诞生了。

低血压不是贫血

不是一回事。贫血是指循环血液中的血红蛋白含量、红细胞数目以及红细胞总的体积减少的一种综合性病理状态。常见的有缺铁性贫血、溶血性贫血、造血不良性贫血和失血性贫血等。低血压则是指一个人的血压长时期低于一定标准。常见的低血压有慢性低血压和体位性低血压。

脑袋大小与智力无关

科学已经证明人的脑袋大小与智力是没有关系的，人的智力不能用脑重多少来衡量。科学家们研究认为，人脑由神经细胞和胶质细胞构成，人的智力高低只与神经细胞的数量、种类和分布情况有关，而胶质细胞尽管所占的比重很大，但分布却与智力无关。

糯米纸不是用糯米做的

糯米纸不是用糯米做的，准确地说，它是用淀粉做的。人每天吃的大米、小麦、玉米等，大部分都是淀粉。人们把这些淀粉调成稀稀的浆，去除杂质，再用热水冲成淀粉糊，把淀粉糊均匀地涂在转动着的干燥机上，经过烘干，就制成了白色、半透明的糯米纸。

橄榄油不是从橄榄中榨出来的

橄榄油不是从一般的橄榄中榨取的，而是从专门的油料植物——油橄榄的果实中榨取的。橄榄树的种子虽然可以榨油，不过含油量和品质都不及油橄榄好。油橄榄是一种常绿乔木，它的果实榨出的油，芳香可口，营养丰富，被誉为"品质最佳的植物油"。

黑芯香蕉不是烂香蕉

香蕉里的黑芯根本不是烂了，而是香蕉已经退化了的籽。野生香蕉的籽很大、很硬，人们吃它的时候很不方便。后来经过人工长期栽培、选择和改良以后，香蕉逐渐改变了结硬种子的本性，结出的香蕉没有种子，而仅有的一点就退化成一排排褐色的小点，附在果肉中心，形成香蕉肉中那一条黑芯。

从年轮数树龄并不十分准确

年轮，是树干茎干每年形成的圆圈圈。根据年轮判定树木年龄有一定道理，但并不十分准确，比如柑橘树以及一些热带地区的树木，它们的年轮有时一年长几圈，有时几年才长一圈，所以就不能用年轮来判断它们准确的树龄。

用牙刷刷牙不一定能防龋

防龋的方法多种多样，刷牙只是其中一种方法。龋齿发生最多的部位是牙面天然沟裂以及牙与牙之间的缝隙。这些沟裂和缝隙非常细窄，牙刷毛探不进去，刷牙无法清除沟缝里的细菌，所以有时刷牙也就不能预防那里发生的龋齿。对这些牙刷无法清洁的地方，牙医建议用牙线来代替。

鸡蛋不宜多吃

鸡蛋的营养价值很高，但条件是必须吃得科学合理，若过量食用，有可能会出现"蛋白质中毒综合症"，尤其是对那些体虚者。这是因为他们身体状况普遍较差，肠胃消化功能减退，鸡蛋中过多的蛋白质在他们的肠道内会通过一种异常的分解产生一种有毒的氨，溶在血液中。

鸡蛋最好不要生吃

鸡蛋最好煮熟了吃。这是因为生鸡蛋不光难消化，还因为它是生的，鸡蛋里的一些细菌、寄生虫，一旦吃进肚子，就会给人们的健康带来影响。鸡蛋在煮熟后，这些细菌大多被杀死了。另外，鸡蛋煮熟后，营养能更好地被人吸收。

人不吃的霉粮别喂鸡

粮食发霉多是由曲霉菌造成，尤其是黄曲霉危害最为严重。现代医学研究证实，黄曲霉不仅对肝脏有毒性，还有致癌和致畸作用。人若食用了用发霉的饲料喂养的禽畜，会引起不同程度的中毒以及肝功能障碍，也可能引发癌症，使健康严重受损。所以，人不吃的霉粮不要用来喂鸡。

烂果剔净了也不要吃

常见的导致鲜果变质的霉菌有青霉、灰葡萄孢霉、根霉和核盘孢霉等。霉菌侵染鲜果后，可使果皮软化，形成病斑、下陷、果肉软腐等，甚至某些霉菌可利用鲜果肉质的营养繁殖并产生毒素。如食用这些变质的烂果，对健康有害。

喝浓茶不能治病

喝茶有益于身体健康，而且它是一种文化，是一种闲适、放松精神的方式。但过多地喝茶或喝太浓的茶，不仅不能治病，反而会损害身体。这是因为茶太浓了或喝茶太多，茶碱就多，会过度地刺激神经，使人神经过于兴奋。另外，还会使人大便秘结，消化不良。

水果不是吃得越多越好

吃太多的水果会使人发胖，因为水果含有相当多的热量。另外，水果含有较多容易吸收和利用的糖分，会在血液中转变为脂肪。血液中的脂肪增加后，会引发许多疾病。同时，有些水果对一些病人或特殊体质的人来说，是不能吃的。水果再好，吃多了会物极必反，对身体不利。

巧食肥肉不会长胖

经过科学烹调的肥肉，由于改变了其内部营养构成，人吃了后不仅不会长胖，反而对促进人体健康还会大有帮助。此外，肥肉中的花生四烯酸能降低人体内的血脂水平，猪油中的α脂蛋白对冠心病和其他心血管疾病的发生也有预防功效。所以，适当吃点肥肉有好处。

罐头食品不宜多吃

某些精加工的生菜罐头，如削皮荸荠、鲜竹笋、鲜蘑菇、小玉米等，其保养液中是加有防腐剂的，另外，水果罐头也含有防腐剂，其中还有一些加入了柠檬酸。国家有关食品规定允许在一定剂量范围内使用添加剂，其对人体是无害的，但若大量摄入，则会影响健康。所以，罐头食品不可多吃。

过敏食物未必要终身忌食

对于过敏的食物并不需要终身忌食，绝大部分过敏者经过 3～4 年后就可以试吃了。这是因为过敏者在停止进食过敏性食物后，身体里原有的过敏食物的抗体就会逐渐降解，数年以后就可以降解殆尽。所以，相隔几年以后再吃原先过敏的食物，就有可能不会出现过敏的症状了。

不要喝煮沸时间过长的开水

不要喝煮沸时间过长的开水，那些煮沸时间超过 24 小时的开水最好不要喝。因为开水中的亚硝酸盐含量较生水要高一些，反复多次煮沸过或煮沸时间超过 24 小时的开水，亚硝酸盐的含量更高，会造成水中亚硝酸盐含量超标。喝了这样的水，可程度不同地引起身体倦怠，乏力，嗜睡，昏迷，全身青紫，血压下降，腹痛，腹泻，呕吐，日久还能引起恶性病。科学的方法是将水烧开 3～5 分钟后饮用。

假酒不能喝

假酒尽管也含有酒精，但它是工业用酒精，不是食用酒精。很多假酒是不法分子非法购买有机溶剂甲醇，经过兑水后，充当白酒卖给顾客的，它的甲醇含量严重超标，能导致饮用者急性中毒。所以，假酒不能喝。

吃酱油不会使皮肤变黑

人体皮肤颜色主要取决于黑色素细胞数目的多少以及黑色素细胞功能的正常与否，而人体内黑色素细胞的多少与遗传、地理环境、生活环境、健康水平有关，但跟所吃食物的颜色并没有多大关系。吃酱油是不会影响皮肤颜色的。

冬季烤火也有讲究

烤火也要讲科学。特别要注意冬天进屋不能立即烤火。因为屋外气温很低，人体的血管处于紧缩状态，血液流动缓慢，而室内温度较高，如果进屋就立即烤火，血管会因突然受热而局部"爆胀"，在血液流动不畅的情况下，容易出现头晕、眼花、心跳加快等症状。

"严父慈母"并非很好

"严父慈母"的教育方式不仅让做父母的感觉到心理上很累，而且容易使孩子分不清是非，不知是"严父"有理，还是"慈母"有理，到后来就觉得父亲可怕、可恨，母亲则可亲、可欺。另外，这种教育方式还有可能把孩子培养成"欺软怕硬"的"两面人"。

手指轻微损伤并非轻伤

手的重要性显而易见，但如果手指只是受了轻微损伤，因为没有明显痛苦，许多人都不太重视。其实，恰恰是这些不起眼的外伤，如果对它缺乏足够重视，未能及时、正确地处理，往往可能引起感染，影响手的功能，甚至累及手指骨骼，造成残疾！所以不可小看手外伤。

多喝纯净水并不好

纯净水方便又干净，但是长期饮用纯净水并不好。人们在制作纯净水时，去除了水中有害杂质的同时，也将对人体有益的一些元素丢弃了。同时，桶装密封的纯净水，一旦保管不当，还容易滋生细菌，发生二次污染，危害身体健康。

癌症病人要忌口不完全正确

所谓"忌口"就是禁止吃某些食物。对于癌症病人而言，忌口是一个比较复杂的问题，很难一概而论，要根据癌症病人的具体情况来决定是否忌口。如胃口不好的癌症病人，不要吃鸡；刚做完消化道手术或消化功能不全的患者，应严格控制生菜等。

不只是老人才需要锻炼身体

锻炼身体是没有年龄界限的，老年人应该保养身体，青少年也应珍惜身体。从小养成锻炼身体的好习惯，能达到强身健体、防御疾病、推迟衰老、延年益寿的目的。

吃生姜并非没有禁忌

其实，吃生姜也有讲究，不是什么人都可以吃，也不是吃得越多就越好。生姜很辣，性温热，在天气炎热的夏天，人们易出现口渴、口干、咽痛、汗多等热症，所以适当吃点姜是有好处的，但不可贪多，吃多了会适得其反；感冒时喝的生姜红糖汤只适合于风寒感冒。凡有糖尿病、痔疮、便秘、胃溃疡等病的人，都不能长期食用生姜。

睡眠不能太多

睡眠并不是越多越好。如果睡得太多，反而会头昏、头痛，并感到疲劳。如果每天睡眠超过 10 个小时，会造成身体运动不足，血液循环功能减弱，神经活动迟钝。长期如此，人会变得昏昏沉沉，做什么事都提不起精神。如果整天睡不醒，那就有可能得了睡眠过多症。

男女脑部的构造是不同的

男女之间除了在感情行为和思考过程上有区别外，在脑部结构方面也有令人吃惊的区别。知道了这些男女之间的差异，我们就可以发挥各自的优势了。

药补不如食补

食物是身体发育和新陈代谢最重要的物质基础，是气血、津液生发的源泉。合理的饮食对机体发育是有益的。人体所必需的各种营养成分均可在食物中摄取，食物完全可以满足正常的人体生理活动的需要。部分人用服药来达到健身延年的目的，是不科学的，有可能对身体造成伤害，效果适得其反。

不要经常听"随身听"

经常听"随身听"的人，会造成一定的听觉障碍，使内耳膜受损。轻微的耳膜受损，只要有充分的休息，就可以复原，但如果内耳膜受损，就无法补救了，因为这种伤害是不可修复的，这些细胞不会再生。特别是正在长身体的少年儿童，更不可多听"随身听"。

紫菜不仅仅是菜

　　小小的紫菜不仅仅是菜，而且还有药的作用。紫菜中富含的钾对人体心肌和肌肉有利，能保护心肌细胞。所含的磷脂，有助于大脑和神经细胞的健康。所含的尼克酸能促进组织新陈代谢，能使小血管扩张及降低血液中胆固醇的含量，预防动脉硬化及脑血栓。

长高没有诀窍

　　当然不是。人的身高主要与先天的遗传和后天的营养、生活习惯和环境因素密切相关。先天的遗传基因最为明显，在后天的影响因素中，营养和运动又是关键。所以张涛的爸爸才这么说。

"残茶"未必无用

　　喝剩的茶汁和茶叶渣有其妙用。将它们放入冰箱的底层，能消除冰箱的异味。用残茶擦洗镜子、玻璃、门窗、家具、胶质板以及皮鞋上的泥污，去污效果特别好。深色衣服上如果不小心沾上了油渍，也可以用残茶搓洗掉。残茶还可清除煎鱼锅的鱼腥味等。你也不妨试试吧。

谨防杀虫剂中毒

杀虫剂并非只能杀虫，同时它对其他生物包括人也具有很强的杀伤力，对人体有很大的副作用。目前市场上每种杀虫剂的配方中至少含有一种有毒物质。尽管有些杀虫剂小剂量就能起到杀虫的作用，但只要在室内喷洒，就会挥发毒气而污染室内空气。所以在室内喷洒时，人们一定要远离它。等药效过后，一定要开窗通风，人才能再进入室内去。

不是每个人都会休息

正确的休息，可以快而彻底地消除疲劳，对健康有利。所谓正确休息，就是针对不同性质的疲劳，采取不同的方法休息。体力活动造成的疲劳，最好的方法是卧床睡眠。脑力劳动造成的疲劳，则需要做些适度的体力劳动，参加体育锻炼，转移注意力，如室外散步、打球或极目远眺等，这样休息的效果比直接睡觉更好些。

带虫眼的蔬菜不一定无农药

喷洒过农药的蔬菜最好不要吃，因为农药会残留在蔬菜上，人吃了这种带农药的蔬菜，会诱发多种疾病。有不少人认为，蔬菜带虫眼，说明喷洒农药少或没洒药，因此买菜时专门挑选这样的菜，这其实并不准确。虫眼多，可能是因为菜农实行粗放式管理，没有及时消灭虫害，也可能是农民喷洒农药后没有达到安全期，病虫没有被杀死便急于上市。

磁疗并非万能

磁疗确实具有一定的镇静、止痛、消炎、消肿等作用，但这种功效并不是很强，而且它因人的个体差异，会有让人头晕、嗜睡、心慌、恶心、食欲不佳、乏力等许多副作用，所以不是什么人都可以坐这种磁疗椅的。

黄金没有营养价值

黄金本身并不含什么营养，人体所需的六大营养要素：糖、脂肪、蛋白质、盐类、维生素、水，黄金都不具备；同时，它也不含人体所必需的微量元素。结果是那些被吃下去的金箔、金粉，大部分通过人的消化道重被排泄出去。这样不但没好处，反而对身体有损害。

平常的唾液不平常

唾液不仅能帮助消化吸收食物、促进伤口愈合及止血，而且能帮助诊断疾病、识别胎儿性别及避孕。日本的医生还用唾液来判断病人是否感染艾滋病病毒。利用唾液来诊断疾病，对病人来说，取样方便，既无痛苦，又无损伤，的确是一种好方法。看来，唾液真是不可小看！

方便面不应成为主食

严格地讲，大部分方便面不过是在油炸面条上加上食盐味精罢了，长期以此作为少年儿童的正餐，容易造成蛋白质、维生素等主要营养成分的缺乏。营养不全面，将影响孩子的体质和智力。而且方便面中的调味包里的食盐和味精量高于正常水平，长期食用对身体健康也不利。所以，最好少吃方便面。

猪肉并不是越新鲜越好

刚屠宰上市的猪肉虽然新鲜，但猪肉本身正处于僵硬阶段，肉质较硬，细菌繁殖较快，吃起来没有猪肉特有的香味，所煮出的汤汁也混浊，营养成分不易被人体所吸收。如果把刚宰杀的猪肉放在0℃~4℃的环境中进行冷却，冷却时间不超过24小时后再吃，这时的猪肉是最好吃的。

锻炼身体要有选择性

　　坚持体育锻炼，有利于强身健体，对身体健康是有好处的。但是，一个人选择什么样的锻炼方式是有讲究的，需要根据自身的年龄、身体状况、兴趣爱好等来决定选择什么样的锻炼方式。特别是老年人，不宜选择跑步等运动较激烈的方式来锻炼身体，那样会适得其反，所以，李威的爷爷不同意去跑步。

别信"高枕无忧"

　　暂时的"高枕"可"无忧"，但长期"高枕"，会造成颈椎部位椎节变形，对神经、血管产生压迫，造成脑供血不足，从而出现头晕、颈椎酸痛等症状，甚至会造成脑血栓、颈椎病等病。特别是青少年正处于发育阶段，更不要枕高枕。

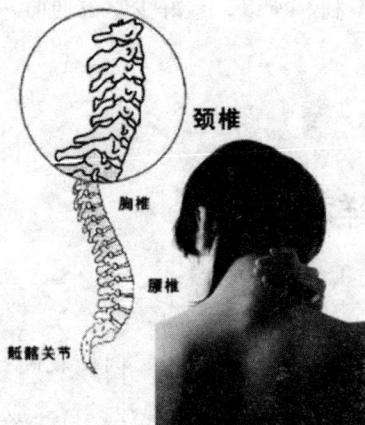

颈椎

胸椎

腰椎

骶髂关节

抽烟不能提神

用抽烟来提神，是没有科学根据的。吸烟者吸入的烟雾（一氧化碳）进入血液，与血红蛋白结合成碳氧血红蛋白，能降低输送氧气的能力，等于自己给脑细胞"封锁氧气"。同时，烟中的尼古丁又会使脑血管痉挛和收缩，减少了大脑血流量，这两个因素只会阻碍脑细胞的活力，削弱思维能力，降低工作效率，而不能起到提神的作用。

最好不吃油炸食品

油温超过250℃时，食油就会分解出大量的有害物质。食物经高温加热后，会发生一系列的化学反应，使某些营养素变成有害的物质，而且维生素E、胡萝卜素及维生素B等均大量损失。所以说，经常食用油炸食品，特别是高温油炸食品，对人体健康有害，不利于小朋友的成长。

看电视时不要吃零食

边看电视边吃瓜子和各种甜食的人易患胆结石。这是因为人坐在沙发上，身体蜷曲，腹腔内压增大，胃肠蠕动受限，不利于食物的消化和吸收，尤其是对胆汁的排泄不利。在此时吃零食更加增加了肠胃的负担，使胆汁中胆固醇与胆汁酸之间的适当比例失调，胆固醇就容易沉淀下来，形成胆结石。所以，看电视时最好不要吃零食。

"纯天然" 不一定优于 "人工合成"

不管是纯天然成分，还是人工合成物质，归根到底其本质都是化学物质，把"纯天然"与"人工合成"物质分开来比较本身就是一种错误的做法。不是所有纯天然的就一定好，如乌头是一种纯天然中药，由于其含有的天然成分乌头碱毒性很大，因此很少直接用于病人，只有经过加工，改变其成分的属性后，才用于治病。

剧烈运动后不宜喝大量白开水

　　剧烈运动后喝大量白开水，会加剧体内盐分的丧失，引起体液平衡破坏，使得血液的渗透压减低，血液对细胞养料的供应减慢，新陈代谢几乎停顿，于是就有可能出现脸色苍白、心脏衰弱、呼吸急促、四肢痉挛的症状。所以，陈老师不让刘莎这么做。

适当献血无损身体健康

　　医学常识表明，人体的血细胞时刻在死亡与新生，更新极快，血液具有旺盛的新陈代谢能力。红细胞的寿命平均为 120 天，白细胞为 13 天，血小板为 7～14 天，献血后红细胞数约在 14 天内即可恢复到献血前的水平。故适量献血不会危害人体健康。

欢迎您
光荣的无偿献血者

中国象山港

白开水不见得最卫生

饮用合格的自来水在长距离的管道运送中，很可能受到二次供水的污染。即使把水煮沸，也只能杀死水中部分的细菌和病毒，而杀死的细菌尸体仍然留在煮沸过的水中，形成医学上常说的"致热质"，体弱的人如果饮用这种白开水后，有可能引发发烧等病症。盛开水的器皿也可能带菌，所以白开水不见得是最卫生的。

疲劳也会致病

除了外源性创伤，任何疾病都与疲劳、"有点累"有"因果"关系，而引起疲劳的原因往往是不经意的。人一疲劳，免疫功能自然下降，抵抗力削弱，身体对外防御不力，细菌、病毒等病原体"乘虚而入"，疾病也就接踵而至，所谓积"劳"成疾，所以得当心疲劳引发疾病。

睡前喝点水有好处

专家建议，每天清晨和晚上在睡后与睡前最好喝一杯温开水，一小口一小口慢慢地饮，可以补充睡眠中的不显性出汗和分泌尿液所丧失的水分，冲淡血液、降低血液中水溶物质浓度，降低血液黏稠度，扩张小血管，降低血压，从而可以预防脑血栓、心肌梗塞和尿路结石等病症，对人健康是有好处的。

硬币不沉并非沾有油

其实不只是泉水，就是家用的自来水，有时也一样可以使小金属物漂浮在水面上而不下沉。原来，这主要是水的表面张力在暗地里起作用，使硬币不下沉。在水的表面有一种叫表面张力的力量，它让水表面像结了一层薄膜似的，从而托住硬币，让本该下沉的小金属片不下沉。泉水里一般都含有较多的矿物质，这让它的表面张力更大，更容易使硬币浮在水面。

嚼口香糖不能代替刷牙

嚼口香糖绝不能代替早晚用牙膏刷牙，养成良好的口腔卫生习惯是防牙痛的关键。青少年朋友可不要随便听信广告的说法。嚼口香糖只能在非常情况下，譬如在旅游中临时代替刷牙，起到清新口气的作用。平时不可这样做。

过度运动会致病

运动过度实际上是迫使身体过度劳累。如果我们让身体持续性的过度劳累，不但不能起到强身健体的作用，反而会使身体面临更大的受伤风险。时间一长，就会削弱我们人体的免疫系统，让人爱生病。所以，运动一定要量力而行。

动物并非不会做梦

做梦不是人的"专利"，许多动物也会做梦，例如一只猫，它在做梦时，眼珠在颤动的眼皮底下转动得很快。它在梦中抓住的老鼠，可能要比它实际抓到的要多得多。

长期不吃蔬菜会得病

一个人如果长期不吃新鲜蔬菜，身体内就会缺乏一种叫维生素 C 的物质。这种物质是人体不可缺少的营养，它能使病人更快地恢复健康，还能帮助愈合伤口。如果人体内缺少这种物质，就会得坏血病等病，让人全身浮肿，身体越来越虚弱，严重的还会死去。

莲藕也需要呼吸

莲长在水下淤泥的茎就是藕。水下淤泥里缺少空气，而藕是需要呼吸的，于是藕内部长出一个个通气孔，通过通气孔把叶子那里的新鲜空气，送到藕的各个部分。

荷叶表面并没有油

如果把水滴到新鲜的荷叶上，你会发现水滴会像珠子一样在上面滚来滚去，而不会渗出去。这是因为荷叶表面有一层密密的肉眼看不见的"柔毛"，这些"柔毛"实际上是荷叶蜡质乳突结构，乳突表面又附有许多颗粒，这种结构使水滴不容易散开。所以，荷叶表面并没有什么油。

植物的茎不全是又长又直

茎是植物的重要部分，它是连接叶子、花朵果实和根的管道，是植物重要的"运输官"。但并不是所有植物的茎像树干那样又长又直。我们平常吃的马铃薯，就是一种块茎；又矮又胖的洋葱头，被称为鳞茎。就是草莓、黄瓜，它们也是一种茎呢。

植物也要睡觉

人睡觉是为了休息好有精神，植物也需要睡觉。有些植物在晚上睡觉时，会把叶子合拢起来，这样可以起到保温保湿的作用。有些花朵很娇嫩怕受冻，晚上睡觉可以让它不受冻害。植物睡觉是它适应环境的一种表现。

鸭子梳理羽毛并非是在打扮

鸭子有个习惯，一有空就用扁扁的嘴巴梳理全身的羽毛，这不是在打扮自己，而是在涂油呢。原来，鸭子的尾巴上有两个能分泌油脂的囊，它用嘴巴在那里不停地擦，得到油后，再把油涂在自己全身的羽毛上，这样，鸭子游起水来就不怕水打湿自己的羽毛了。

鸵鸟不会把脑袋伸进沙子里躲敌

许多人一直以为鸵鸟在遇到危险时，会笨得把脑袋伸进沙子，以为这样自己看不见敌人，敌人也就看不见自己了。人们还把鸵鸟的这种可笑行为取名叫"鸵鸟政策"。其实，鸵鸟从来不会这样躲敌。它有时把脑袋伸进沙里，是为了吃一些沙子，帮自己消化。

铁轨不是铁做成的

人们总习惯成自然地认为，铁路上的轨道是用铁做的，所以叫"铁轨"和"铁路"。其实，现在所有的铁轨都是用钢做成的，叫"钢轨"更正确。原来，我国最早的铁轨是用铁做成的，所以叫铁轨，尽管后来"铁轨"改成"钢轨"了，但这个叫法被保留了下来。

爱斯基摩人的房子不会冻死人

爱斯基摩人住在滴水成冰的地方，他们的房子是一座座雪屋子。这种圆顶的小屋能把空气密封在屋内，又可以把外面的冷空气挡在屋外。这样，在屋里再生起火，就不会冷啦，住在这样的房子里也不用担心会冻病。

印钞票的纸不是用木材制造出来的

我们知道纸大多是用树木做原料造出来的，但是，用来印钞票的纸不是用木材作原料制成的，而是用碎布作原料制造出来的。因为用来印钞票的纸需要很强的韧性，不容易被撕破，而碎布里的纤维比木材的纤维要坚韧得多，所以用它制出来的纸也不易破。

水果不要放在冰箱冷冻室里

冰箱可以让食物和水果保鲜不变质，如果把水果直接放进冷冻室，水果里的水分会慢慢结冰冻结起来，这样水果的营养就会被破坏掉，水果也更容易坏。所以应当把水果放进冰箱的冷藏室里，而不要把水果放在冷冻室保存。

轮胎上的花纹不是为了好看

现在的车辆用的都是橡胶轮胎，这些轮胎上的各种各样花纹不是为了好看，它们起着防止轮胎打滑的作用。有的轮胎上的花纹还有消除噪音、防止轮胎夹石子藏土的功能。

不用法衣粉的洗衣机

我们用洗衣机洗衣服时，总会放一些洗衣粉，这样可以洗干净衣服。但是从洗衣机流出的洗衣粉污水，却会污染环境。现在，科学家发明一种超声波洗衣机，它不用洗衣粉而是用超声波来洗衣服，用超声波洗出的衣服更干净呢。

当个宇航员不简单

宇航员不仅要有强健的体魄、过人的胆识与坚强的意志，还要学习天文地理、科学技术知识，学会操作各种宇航设备，处理各种突发事件。在接受任务之前，他们还要接受各种非人的训练，所以要当个宇航员不是一件容易的事。

蜗牛并非没有脚

蜗牛其实是有脚的，只不过它的脚与众不同，有点特别。它的脚又扁又平，既宽又大，像紧贴在地面的肚子，所以动物学家把它的脚叫腹足。

电话线不仅是传送声音

随着现代科学技术的发展，电话线不仅仅可以传输声音信号，还可以用来传输图像及其他电子信号。比如，可以通过可视电话，看到通话另一方的图像。人们还可以把各自的电脑连接在电话线上，通过特定的网络系统，联上互联网。

人体内的细胞并非只有一种

人的诞生就是从细胞中开始的，一个人大约有 1000 亿个细胞，但这些细胞并不是一种，它的种类有很多，有肌肉细胞、皮肤细胞、脑细胞等多种细胞。